Hisashi Urashima

浦島久・著

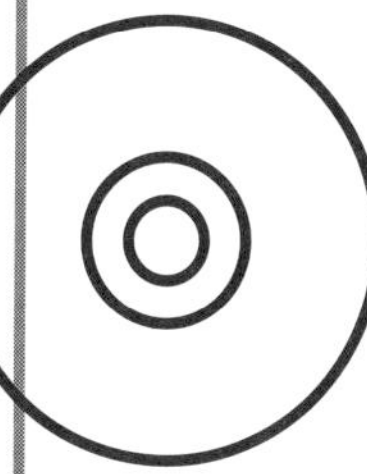

English Conversation:

In Three Revolutionary Lines

IBC パブリッシング

装幀　PARK. Sutherland Inc.

本文デザイン DTP　コン トヨコ

ナレーション　Howard Colefield

録音編集　株式会社巧芸創作

写真　浦島 久

はじめに

北海道の地方都市、帯広市で英語学校を経営して38年になります。初級者から上級者、4歳の児童から80歳を超えるシニア、学生から英語教員まで様々な方に英語を教える機会を頂きました。それなりの成果を上げることができたと自負してはいますが、やり残した仕事がまだいくつかあります。そのひとつが、「先生、なんとか英語を話せるようにしてください！」「私たちにも使える本を書いてください！」という、初級者からの切実な願いに応えることです。

１冊本を出せるだけでも夢のようだった私でしたが、気付けばこの本が29冊目になります。初級者向けの本は何冊かこれまでも書いてきました。でも、なかなかこれぞというのもができません。このあたりで１冊、初級者向けの良いものを作りたい、と思ったのがこの本の出発点でした。

最近、自分が直接教えている多くの初級者に共通するある問題点に気が付きました。当然と言えば当然なのかもしれませんが、それは質問に対してひと言でしか返すことができない、ということです。中にはYesとNoだけを繰り返しているだけの生徒もいます。これではなかなか英語を話せるようにはなりません。

そこで考えついたのは、「３行で話すようにしよう！」というアイデアです。ひと言や１行で済ませるのではなく、無理矢理３

行で話す癖をつけようと提案しています。これを私は「英会話の3行革命」と名付けました。もちろん、18世紀半ばに起こったイギリスの産業革命にかけたダジャレです。まだまだ始まったばかりの3行革命ですが、私の生徒の中にはすでに成果が見え始めた人もちらほらでてきました。この本は、その3行革命のマニュアル本ということになります。

「なぜ3行なの？」とよく聞かれます。私が長年お世話になっている阿部一先生（阿部一英語総合研究所所長）によると、訓練すれば4行までは初級者でも覚えられる、という研究があるそうです。実は以前この本と似たようなコンセプトで4行の本を出したことがあります。ところが私の学校のシニアのみなさんから「3行だと覚えられるけど4行は難しい！」というコメントを頂きました。なぜ3行なのでしょう？ その謎を解き明かすためにも、今回は私の長年の勘を信じて3行で行きます。

この本が切っ掛けとなり、日本全国で英会話の3行革命が起こることを私は夢みています。最後になりましたが、この本の作成にあたり、ブライアン・アンダーソンさん、茅野夕樹さん、宮川しのぶさんに協力して頂きました。また、この本の企画に興味を持って頂き、出版にゴーサインを出して頂いたIBCパブリッシングの浦 晋亮社長にお礼申し上げます。

2014年12月
浦島　久

もくじ

Chapter 1 Personal Information 個人情報

Chapter 2 Life 生活

Chapter 3 Hobbies and Interests 趣味と興味 69

Chapter 4 Occupation 職業 99

Writing & Reading Aloud Training 英作文&音読トレーニング 123

この本の特長

この本は、初級者がなるべくストレスを感じることなく英語力を向上できるよう、次の点に配慮しています。

1 中学校レベルの文法

難しい文法は避けて、基本的には第２文型（主語＋動詞＋補語）と第３文型（主語＋動詞＋目的語）をなるべく多く使っています。

2 短く、シンプルな文

一息で言えるよう、長くても９語くらいの文にまとめています。単語も一般的に馴染みのあるものを入れるよう心がけました。

3 よく使うフレーズ

I like to ～ や I want to ～ のように同じフレーズが何度も出てきます。「飽きた！」と思ったときこそ、それが定着したときです。

4 広い年齢層で使える話題

人それぞれ好みの話題は違います。ここでは身近なものを50選びました。みなさんが関心のあるものがひとつでも多く入っていることを願います。

5 一人でできるトレーニング

後半には、ここで習った文が自然に口から出るようトレーニングするセクションがあります。使い方のページを読んでから実践してみてください。

この本の使い方

どんな本でもどう使うかは買った人の自由です。リスニングの教材としても英作文の教材としても使えるでしょうし、本を一切見ず口頭英作文するための教材に使ってもいいでしょう。ここからは、私の考えるこの本を使った勉強法をいくつか紹介します。

基本編

1 まずは聴いてみる

どんな英会話教材も音源があるものは同じですが、英文を見ずに聴くことから始めるのが良いでしょう。もし一度聴いただけで完璧に分かれば、その教材は易しすぎるのかもしれません。反対に、単語もまったく分からないという場合は、この本が難しすぎる可能性もあります。

2 英文と意味をチェックする

聴いたあとはそのレッスンのページを開き、英文と意味をきちんと理解しましょう。和訳を見ても分からないところは文法書や辞書で調べたり、英語が分かる人に聞いてください。

3 音読練習をする

CD を聞きながら、それと同じように読めるようにしましょう。どうしても分からないところは CD を止めて何度も繰り返し練習してください。できるようになったら、CDを使わないで、大きな声で音読しましょう。ここで使われている英文は短いので一息で読むのがコツです。

4 シャドーイングする

CD を再生しながらテキストを見ずに、聞こえた英語をそのまま口から出してみてください。これがシャドーイングです。聞こえないところは諦めて、間髪入れずにやるのがコツです。少し小さめの声がやり易くてお薦めです。発音・イントネーションやリスニングがレベルアップするだけでなく、自然と文章が口から出るようになります。難しいようなら 3 の音読練習をもう一度。音読するときは少し速度を上げて読むのが良いでしょう。

応用編

1 自分の例を作る

3 つのサンプルや「よく使われる表現」をうまく利用して自分に合った英文を作りましょう。あまり大幅に変更するのではなく、なるべく手元にあるものを利用するのが良いでしょう。

2 言えるようにする

何も見ずに自分のことが言えるようになりましょう。最初の 3 行ができれば、それに関連したことをもう 3 行作り、同じように言えるようにしましょう。これを続けていけばもっともっとたくさん言えるようになります。

3 実際に使ってみる

次は実際に試してみる番です。外国人や英語を勉強している日本人に覚えた英文を言ってみましょう。この本では3行言うことを目標にしていますが、もちろんそれ以上言えるに越したことはありません。何度も使っているうちに英文が自分のものになります。

英作文＆音読トレーニング

この本の後半は左ページに和訳、右ページに英文が載っています。これをうまく利用すれば会話力がつきます。音源を使わずに英作文の練習に使うこともできます。右ページを隠して左ページの日本語を見ながら英作してみる。これは文法の確認だけでなく、単語をきちんと覚えているかどうかの確認にもなります。なお、和訳には英訳しやすいようほとんどの文に「私は～」等の主語をつけています。和訳としては少し不自然なものもありますが、こういった意図につきご了承ください。

音源のみを使う場合は、本は見ずにやるのがいいでしょう。つまり口頭英作文の練習になります。車の中でCDを流しっ放しにしたり、ダウンロードしたデータをiPodや携帯に取り込んで聴くのもいいでしょう。日本語＞ポーズ1＞英文＞ポーズ2の順に流れます。

1 1回目のポーズ

日本語を聞いてその英文を言ってみてください。完全な形でなくても構いません。分かったところだけでも言ってみるのが良いでしょう。全く言えなくても気にしないでください。

2 2回目のポーズ

1回目のポーズのあとで正しい英文が読まれます。1回目のポーズで英文が言えた場合、それが正しかったかどうか確かめることができます。言えなかった場合は、よく聴いて今度は同じように言えるよう準備しましょう。どちらにせよ2回目のポーズでも英文を声に出して言ってみてください。その際、発音・イントネーションに注意しましょう。

この1と2を何度も繰り返しましょう。きっと飽きてしまうときが来るはずです。そのときこそ、その英文が自分のものになった瞬間なのです。そんな瞬間が早く、たくさんのみなさんに訪れることを願っています。

英会話3行革命

Chapter 1

Personal Information

個人情報

1
Name 名前

- □ **I'm Junichiro Okada.**
- □ **Everyone calls me Jun.**
- □ **It's my nickname.**

- 私は岡田純一郎です。
- みんなからはジュンと呼ばれています。
- それが私のニックネームです。

= Please call me Jun. 私をジュンと呼んでください。

- □ **My last name is Takahashi.**
- □ **It means "high bridge."**
- □ **It is a very common name in Japan.**

- 私の名字は高橋です。
- それは「高い橋」を意味しています。
- 日本では大変ありふれた姓です。

= family name 姓、名字

基本編	まずは聴いてみる	✔ ❑ ❑ ❑
	英文と意味をチェック	✔ ❑ ❑ ❑
	音読練習	✔ ❑ ❑ ❑
	シャドーイング	✔ ❑ ❑ ❑

応用編	自分の例を作る	✔ ❑ ❑ ❑
	言えるようにする	✔ ❑ ❑ ❑
	実際に使ってみる	✔ ❑ ❑ ❑

- ☐ **My first name is Hideki.**
- ☐ **I was named after a famous baseball player.**
- ☐ **I like my name very much.**

○ 私の名前は秀喜です。
○ 私は有名な野球選手にちなんで名づけられました。
○ 私は自分の名前がとても気に入っています。

= given name （姓に対し）名前

よく使われる表現

☐ **Junichiro Okada is my name.**
岡田純一郎が私の名前です。

☐ **I don't have a nickname.**
私にはニックネームはありません。

☐ **People call me by my first name.**
みんなは私のことを名前の方で呼びます。

☐ **My name doesn't have any particular meanings.**
私の名前には特別な意味はありません。

☐ **People have a hard time remembering my name.**
人は私の名前を覚えるのに苦労します。

2 Age 年齢

- □ I'm 54 years old.
- □ People say I'm an old man.
- □ But I feel young.

- 私は54歳です。
- みんなは私のことを年寄りだと言います。
- でも、私は気持ちは若いです。

*energetic エネルギッシュな

- □ My birthday is December 4th.
- □ I'll be 28 years old.
- □ I want to get married before 30.

- 私の誕生日は12月4日です。
- 私は28歳になります。
- 私は30歳になるまでに結婚したいと思っています。

*get a job 職を得る／find a girlfriend 彼女を見つける

基本編	まずは聴いてみる	✔ ❑ ❑ ❑
	英文と意味をチェック	✔ ❑ ❑ ❑
	音読練習	✔ ❑ ❑ ❑
	シャドーイング	✔ ❑ ❑ ❑

応用編	自分の例を作る	✔ ❑ ❑ ❑
	言えるようにする	✔ ❑ ❑ ❑
	実際に使ってみる	✔ ❑ ❑ ❑

□ **My age is a secret.**

□ **I look younger than my age.**

□ **Can you guess my age?**

- 私の年齢は秘密です。
- 私は実際の年齢よりも若く見えます。
- あなたは私が何歳だと思いますか。

*mystery なぞ ／ surprise 驚き

よく使われる表現

□ **I think I'm at the best age.**
私は今一番いい年齢だと思います。

□ **I'm in my thirties.**
私は30代です。

□ **I turned forty this month.**
私は今月40歳になりました。

□ **I had my 29th birthday a month ago.**
私は1カ月前に29歳の誕生日を迎えました。

□ **I forgot about my age.**
私は自分の年齢のことは忘れました。

3

Hometown 故郷

- □ I'm originally from Sapporo.
- □ I grew up there.
- □ But now I'm living in Nagoya.

- ○ 私はもともとは札幌の出身です。
- ○ 私はそこで育ちました。
- ○ けれども、私はいまは名古屋で暮らしています。

= was brought up

- □ Toyokoro is my hometown.
- □ It's a very small town.
- □ It's a one-hour drive from Obihiro.

- ○ 豊頃が私の故郷です。
- ○ そこはとても小さな町です。
- ○ 帯広からは車で1時間です。

= tiny, little

基本編	まずは聴いてみる	✔ ❑ ❑ ❑
	英文と意味をチェック	✔ ❑ ❑ ❑
	音読練習	✔ ❑ ❑ ❑
	シャドーイング	✔ ❑ ❑ ❑

応用編	自分の例を作る	✔ ❑ ❑ ❑
	言えるようにする	✔ ❑ ❑ ❑
	実際に使ってみる	✔ ❑ ❑ ❑

- ☐ **I was born in Osaka.**
- ☐ **I go back there once a year.**
- ☐ **I still have a few friends there.**

- 私は大阪で生まれました。
- 私は年に1回そこへ帰ります。
- 私はそこにはまだ何人か友人がいます。

*twice 2回 / three times 3回

よく使われる表現

☐ **I've lived here all my life.**
私は生れてからずっとここに住んでいます。

☐ **It's close to the ocean.**
そこは海から近いです。

☐ **It's a nice place to visit.**
そこは訪れるのにいい所です。

☐ **It's famous for its apples.**
そこはリンゴで有名です。

☐ **Its population is 100,000.**
そこの人口は10万人です。

4 Education 教育

- □ I went to a university in Tokyo.
- □ I studied economics.
- □ I met my wife then.

- 私は東京の大学に行きました。
- 私は経済学を勉強しました。
- 私は妻とそのとき出会いました。

*junior college 短大 ／ technical college 専門学校

- □ I graduated from a local college.
- □ It's a small private college.
- □ I enjoyed my student life.

- 私は地元の大学を卒業しました。
- それは小さな私立の大学です。
- 私は学生生活を満喫しました。

*national 国立の ／ prefectural 都道府県立の

基本編	まずは聴いてみる	✔ ❑ ❑ ❑
	英文と意味をチェック	✔ ❑ ❑ ❑
	音読練習	✔ ❑ ❑ ❑
	シャドーイング	✔ ❑ ❑ ❑

応用編	自分の例を作る	✔ ❑ ❑ ❑
	言えるようにする	✔ ❑ ❑ ❑
	実際に使ってみる	✔ ❑ ❑ ❑

□ **I went to a high school in Sendai.**

□ **And now I'm taking an online course.**

□ **It's fun to study.**

- 私は仙台の高校に行きました。
- そして私はいまオンライン講座を受講しています。
- 勉強するのは楽しいです。

*a correspondence course 通信講座

よく使われる表現

□ **I majored in history.**
私は歴史を専攻しました。

□ **I was a serious student.**
私はまじめな学生でした。

□ **I only studied before the tests.**
私は試験の前しか勉強しませんでした。

□ **I received a scholarship.**
私は奨学金を受けました。

□ **I want to go back to college.**
私は大学に戻りたいです。

5

Height and Weight 身長と体重

- □ I'm 170 cm tall.
- □ I'm not short for a Japanese man.
- □ But I want to be a little taller.

- 私の身長は170cm です。
- 私は日本人男性としては背の低い方ではありません。
- でも私はもう少し背が高くなりたいと思っています。

*a lot, much かなり

- □ I'm a little fat.
- □ I weigh 60 kg.
- □ I want to lose weight.

- 私は少し太っています。
- 私は体重が60kg あります。
- 私は体重を減らしたいです。

*gain 増やす

基本編	まずは聴いてみる	✔ ❑ ❑ ❑
	英文と意味をチェック	✔ ❑ ❑ ❑
	音読練習	✔ ❑ ❑ ❑
	シャドーイング	✔ ❑ ❑ ❑

応用編	自分の例を作る	✔ ❑ ❑ ❑
	言えるようにする	✔ ❑ ❑ ❑
	実際に使ってみる	✔ ❑ ❑ ❑

□ **I was skinny when I was young.**

□ **But now I'm getting overweight.**

□ **So I'm careful about what I eat.**

- 私は若いときはやせっぽちでした。
- でも私はいまは太りすぎになってきています。
- だから私は食べるものに気をつけています。

*slim ほっそりした

よく使われる表現

□ **My height is 170 cm.**
私の身長は170cm です。

□ **I'm average weight for my height.**
私の体重は自分の身長に対しては平均的です。

□ **I'm tall for a Japanese.**
私は日本人としては背が高いです。

□ **I always worry about my weight.**
私はいつも自分の体重を心配しています。

□ **I think I'm at my perfect weight.**
私はいまの体重は完璧だと思います。

6

Personality 性格

- □ I'm cheerful.
- □ I try to be nice to others.
- □ I like to see people happy.

○ 私は明るい性格です。
○ 私は人には親切にすることを心がけています。
○ 私は人が幸せそうにしているのを見るのが好きです。

*silent 寡黙な ／ talkative おしゃべりな

- □ I'm easygoing.
- □ I don't like to work hard.
- □ I like to relax at home.

○ 私はのんきな性質です。
○ 私は一生懸命働くのが好きではありません。
○ 私は家でのんびりしているのが好きです。

*take risks 危ないことをする／ try new things 新しいことをやってみる

基本編	まずは聴いてみる	✔ ❑ ❑ ❑
	英文と意味をチェック	✔ ❑ ❑ ❑
	音読練習	✔ ❑ ❑ ❑
	シャドーイング	✔ ❑ ❑ ❑

応用編	自分の例を作る	✔ ❑ ❑ ❑
	言えるようにする	✔ ❑ ❑ ❑
	実際に使ってみる	✔ ❑ ❑ ❑

□ **I have a good sense of humor.**

□ **I always try to tell funny jokes.**

□ **I think I am a comedian.**

- 私はユーモアのセンスがあります。
- 私はいつも面白い冗談を言おうとしています。
- 私は自分はコメディアンだと思います。

*make people laugh 人を笑わせる

よく使われる表現

□ **I have no patience.**
私は根気がありません。

□ **I never get angry.**
私は怒ることはありません。

□ **I don't worry about small things.**
私は小さいことは気にしません。

□ **I like talking with people.**
私は人と話をするのが好きです。

□ **I'm not afraid of making mistakes.**
私は間違いを犯すことを恐れません。

7 Health 健康

- I'm healthy.
- I never go to the hospital.
- I think I'm lucky.

- 私は健康です。
- 私は病院へ行くことなどありません。
- 私は自分は幸運だと思います。

*seldom, rarely めったに～ない

- I sometimes get sick.
- I usually have a stomachache.
- So I can't eat much.

- 私はときどき具合が悪くなります。
- 私はたいていは腹痛がします。
- だから私はあまりたくさん食べられません。

*drink 酒を飲む

基本編	まずは聴いてみる	✔ ❑ ❑ ❑
	英文と意味をチェック	✔ ❑ ❑ ❑
	音読練習	✔ ❑ ❑ ❑
	シャドーイング	✔ ❑ ❑ ❑

応用編	自分の例を作る	✔ ❑ ❑ ❑
	言えるようにする	✔ ❑ ❑ ❑
	実際に使ってみる	✔ ❑ ❑ ❑

□ **I want to be healthier.**

□ **So I eat natural food.**

□ **And I exercise regularly.**

- 私はもっと健康になりたいです。
- だから私は自然食品を食べています。
- それに私は定期的に運動をしています。

*organic food 有機食品 ／ fresh vegetables 新鮮な野菜

よく使われる表現

□ **I do yoga.**
私はヨガをやっています。

□ **I have a heart problem.**
私は心臓に持病があります。

□ **I quit smoking two years ago.**
私は2年前にタバコをやめました。

□ **I try to get enough sleep.**
私は十分な睡眠を取るようにしています。

□ **I walk one kilometer every morning.**
私は毎朝1km歩いています。

8 Dream 夢

- □ My dream is to go to America.
- □ I want to visit New York.
- □ Because there are nice jazz clubs there.

- 私の夢はアメリカに行くことです。
- 私はニューヨークへ行ってみたいのです。
- なぜならそこには素敵なジャズクラブがあるからです。

*fancy restaurants 高級レストラン

- □ I want to be an international volunteer.
- □ Because I want to help the poor.
- □ That is my goal in life.

- 私は国際ボランティアになりたいです。
- なぜなら私は貧しい人々を助けたいからです。
- それが私の人生の目標です。

*a good doctor 良い医者

基本編	まずは聴いてみる	✔ ❑ ❑ ❑
	英文と意味をチェック	✔ ❑ ❑ ❑
	音読練習	✔ ❑ ❑ ❑
	シャドーイング	✔ ❑ ❑ ❑

応用編	自分の例を作る	✔ ❑ ❑ ❑
	言えるようにする	✔ ❑ ❑ ❑
	実際に使ってみる	✔ ❑ ❑ ❑

□ **Having my own home is my dream.**

□ **Now I am living in a small apartment.**

□ **It'll be nice to have my own room.**

- マイホームを所有することが私の夢です。
- 私はいまは小さなアパートに住んでいます。
- 自分の部屋を持つのは素敵なことでしょう。

*in a company dormitory 会社の寮に / with my parents 両親と同居して

よく使われる表現

□ **I have many dreams.**
私は数多くの夢があります。

□ **I don't have any special dreams.**
私はこれといった夢はありません。

□ **I'd like to be a successful businessman.**
私はビジネスの世界で成功したいです。

□ **I dream of becoming a farmer.**
私は農家になることを夢見ています。

□ **I wish I could have lots of free time.**
私は自由になる時間がたくさんあればいいのですが。

9

Marriage 結婚

□ **I got married 20 years ago.**

□ **My wife is from Kyushu.**

□ **We met in Tokyo.**

- 私は20年前に結婚しました。
- 私の妻は九州出身です。
- 私たちは東京で出会いました。

*a long time ago ずいぶん昔 ／ last spring 昨年の春

□ **Our married life is wonderful.**

□ **We have two children.**

□ **We bought a new house this year.**

- 私たちの結婚生活は素晴らしいものです。
- 私たちには子供が2人います。
- 私たちは今年新しい家を買いました。

*OK まあまあな

基本編	まずは聴いてみる	✔ ❑ ❑ ❑
	英文と意味をチェック	✔ ❑ ❑ ❑
	音読練習	✔ ❑ ❑ ❑
	シャドーイング	✔ ❑ ❑ ❑

応用編	自分の例を作る	✔ ❑ ❑ ❑
	言えるようにする	✔ ❑ ❑ ❑
	実際に使ってみる	✔ ❑ ❑ ❑

- □ **I'm single now.**
- □ **I enjoy my lifestyle.**
- □ **Because I have a lot of freedom.**

- 私はいまは独身です。
- 私は自分の暮らし方を楽しんでいます。
- なぜなら私には自由がたくさんあるからです。

*money 金 ／ time 時間

よく使われる表現

- □ **My wife is my best friend.**
  私の妻が私の一番の友人です。
- □ **We went to Alaska for our honeymoon.**
  私たちは新婚旅行はアラスカへ行きました。
- □ **We don't have any children yet.**
  私たちはまだ子供はいません。
- □ **I want to be single again.**
  私はまた独身に戻りたいです。
- □ **Our marriage was a mistake.**
  私たちの結婚は失敗でした。

10
Family

家族

☐ There are four people in my family.
☐ They are my wife, two children and me.
☐ My son is ten and my daughter is eight.

○ 我が家は4人家族です。
○ 妻、子供が2人、そして私です。
○ 息子は10歳で娘は8歳です。

*We are a family of four.

☐ Family is important to me.
☐ I work for them.
☐ I live for them.

○ 家族は私にとって大切です。
○ 私は家族のために働いています。
○ 私は家族のために生きています。

*vital, essential 不可欠な

基本編	まずは聴いてみる	✔ ❑ ❑ ❑
	英文と意味をチェック	✔ ❑ ❑ ❑
	音読練習	✔ ❑ ❑ ❑
	シャドーイング	✔ ❑ ❑ ❑

応用編	自分の例を作る	✔ ❑ ❑ ❑
	言えるようにする	✔ ❑ ❑ ❑
	実際に使ってみる	✔ ❑ ❑ ❑

□ **My parents are living in Tokyo.**

□ **My father is still working at a bank.**

□ **He is 59 years old.**

- 私の両親は東京に住んでいます。
- 私の父はまだ銀行に勤めています。
- 私の父は59歳です。

*retired 仕事を引退して ／ working part-time パートで働いて

よく使われる表現

□ **We are a very close family.**
私たちは大変仲の良い家族です。

□ **I don't have a family yet.**
私はまだ家族がいません。

□ **I don't have much time for my family.**
私は家族のための時間があまりありません。

□ **Family life is very important to me.**
家族との暮らしは私にとってとても重要です。

□ **Raising children is fun.**
子供を育てていくのは楽しいことです。

11 Married Couples 夫婦

- □ My wife is nice.
- □ We got married ten years ago.
- □ I am happy with her.

- 私の妻はとてもいい人です。
- 私たちは10年前に結婚しました。
- 私は彼女と居られて幸せです。

*warm 心の温かい ／ strong 強い

- □ My husband is always busy.
- □ He doesn't talk much at home.
- □ I sometimes feel lonely.

- 私の夫はいつも忙しいです。
- 彼は家ではあまり話をしません。
- 私はときどきさびしくなります。

*help 手伝う／ clean 掃除をする

基本編	まずは聴いてみる	✔ ❑ ❑ ❑
	英文と意味をチェック	✔ ❑ ❑ ❑
	音読練習	✔ ❑ ❑ ❑
	シャドーイング	✔ ❑ ❑ ❑

応用編	自分の例を作る	✔ ❑ ❑ ❑
	言えるようにする	✔ ❑ ❑ ❑
	実際に使ってみる	✔ ❑ ❑ ❑

□ I think we are a perfect couple.

□ We do a lot together.

□ And we can talk about anything.

○ 私は自分たちは完璧な夫婦だと思います。
○ 私たちはいろいろなことを一緒にやります。
○ そして私たちはどんなことでも話せます。

*nice 素晴らしい ／(an) ideal 理想的な

よく使われる表現

□ **I love my wife a lot.**
私は妻のことが大好きです。

□ **I'm a better cook than my wife.**
私は妻よりも料理が上手です。

□ **My husband has a good income.**
私の夫は収入が良いです。

□ **My husband doesn't like children.**
私の夫は子供が好きではありません。

□ **We'll have our tenth wedding anniversary next year.**
私たちは来年結婚10周年を迎えます。

12 Pets

ペット

- □ I have a cat.
- □ She's small and cute.
- □ She always sits in my lap.

- 私は猫を飼っています。
- 小さくてかわいいです。
- いつでも私の膝に乗ります。

*hamster ハムスター

- □ My dog is quiet.
- □ He never barks.
- □ He sometimes chases cats.

- 私の犬はおとなしいです。
- 吠えることはありません。
- ときどき猫を追いかけます。

*bite people 人をかむ ／ do tricks 芸をする

基本編		
	まずは聴いてみる	✔ ❏ ❏ ❏
	英文と意味をチェック	✔ ❏ ❏ ❏
	音読練習	✔ ❏ ❏ ❏
	シャドーイング	✔ ❏ ❏ ❏

応用編		
	自分の例を作る	✔ ❏ ❏ ❏
	言えるようにする	✔ ❏ ❏ ❏
	実際に使ってみる	✔ ❏ ❏ ❏

- □ **I'm raising a turtle.**
- □ **It's interesting to watch.**
- □ **I want to have another one.**

- 私は亀を飼っています。
- 亀を眺めるのはおもしろいです。
- 私はもう一匹亀を飼いたいと思っています。

*to study about ～について調べる / to take photos of ～の写真を撮る

よく使われる表現

- □ **My dog is well trained.**
  私の犬はよくしつけられています。
- □ **I'm a dog person.**
  私は愛犬家です。
- □ **Pets are not allowed in my apartment.**
  私のアパートではペットを飼うことが許されていません。
- □ **I'd like to have a dog as a pet.**
  私はペットに犬を飼いたいです。
- □ **My dog is a mixed breed.**
  私の犬は雑種です。

英会話３行革命

Chapter 2

Life

生活

13
Clothes
服

- □ I usually wear suits.
- □ Because I'm an office worker.
- □ But I like to wear jeans.

- 私は普段はスーツを着ています。
- 私は会社員ですから。
- でも私はジーンズをはくのも好きです。

*T-shirts Tシャツ／sweaters セーター

- □ I'm interested in fashion.
- □ I have many different clothes.
- □ I spend most of my money on clothes.

- 私はファッションに関心があります。
- 私は数多くの多様な服を持っています。
- 私は自分のお金のほとんどを服に使います。

*like to keep up with ～を追いかけるのが好き

基本編	まずは聴いてみる	✔ ❑ ❑ ❑
	英文と意味をチェック	✔ ❑ ❑ ❑
	音読練習	✔ ❑ ❑ ❑
	シャドーイング	✔ ❑ ❑ ❑

応用編	自分の例を作る	✔ ❑ ❑ ❑
	言えるようにする	✔ ❑ ❑ ❑
	実際に使ってみる	✔ ❑ ❑ ❑

□ **I don't care about fashion.**

□ **So I wear the same clothes.**

□ **But sometimes I buy new clothes.**

- 私はファッションには興味はありません。
- だから私は同じ服を着ています。
- でも私は時には新しい服も買います。

*second-hand, used 中古の

よく使われる表現

□ **I like dark colors.**
私は濃い色が好きです。

□ **My jacket is out of fashion.**
私の上着は時代遅れです。

□ **I have no sense of fashion.**
私はファッションのセンスがありません。

□ **I never dress formally.**
私は正装することはありません。

□ **Fashion isn't so important to me.**
ファッションは私にとってそれほど重要ではありません。

14 Cooking

料理

- □ I enjoy cooking.
- □ My specialty is curry and rice.
- □ It's very delicious.

○ 私は料理をするのが好きです。
○ 私の得意料理はカレーライスです。
○ とても美味しいですよ。

*grilled salmon 焼鮭

- □ I cook three meals a day.
- □ Cooking is OK.
- □ But I hate washing dishes.

○ 私は1日3食とも料理をしています。
○ 料理をするのは大丈夫です。
○ でも私は皿を洗うのが嫌いです。

*chopping vegetables 野菜を切る

基本編	まずは聴いてみる	✔ ❑ ❑ ❑
	英文と意味をチェック	✔ ❑ ❑ ❑
	音読練習	✔ ❑ ❑ ❑
	シャドーイング	✔ ❑ ❑ ❑

応用編	自分の例を作る	✔ ❑ ❑ ❑
	言えるようにする	✔ ❑ ❑ ❑
	実際に使ってみる	✔ ❑ ❑ ❑

- □ **I want to learn how to make sushi.**
- □ **I know it's difficult.**
- □ **But I can become popular if I do.**

- 私はすしの作り方を学びたいです。
- 私はそれが難しいことはわかっています。
- でももしできるようになったら、私は人気者になれます。

*cook Chinese food 中華料理を作る

よく使われる表現

- □ **I'm a good cook.**
  私は料理が上手です。
- □ **I like to try new recipes.**
  私は新しいレシピ（料理法）に挑戦するのが好きです。
- □ **I can make many kinds of dishes.**
  私はいろいろな種類の料理を作ることができます。
- □ **I'm good at baking bread.**
  私はパンを焼くのが得意です。
- □ **Everybody in my family likes my cooking.**
  家族のみんなは私の料理が好きです。

15

Restaurants レストラン

- ☐ I usually go to casual restaurants.
- ☐ Their prices are reasonable.
- ☐ I don't have to worry about the bill.

- 私はたいていはカジュアルなレストランに行きます。
- そうしたところの値段はそれほど高くありません。
- 私は勘定のことを心配せずに済みます。

*outdoor food stands 屋外の屋台 ／ hamburger places ハンバーガー店

- ☐ French restaurants are expensive.
- ☐ But it's nice to have a French dinner sometimes.
- ☐ I know a nice French restaurant.

- フレンチレストランは値段が高いです。
- でも時にはフランス料理のディナーを食べるのもいいものです。
- 私は良いフレンチレストランを知っています。

*(an) Italian イタリアン、イタリア料理の

基本編	まずは聴いてみる	✔ ❏ ❏ ❏
	英文と意味をチェック	✔ ❏ ❏ ❏
	音読練習	✔ ❏ ❏ ❏
	シャドーイング	✔ ❏ ❏ ❏

応用編	自分の例を作る	✔ ❏ ❏ ❏
	言えるようにする	✔ ❏ ❏ ❏
	実際に使ってみる	✔ ❏ ❏ ❏

□ **Every year we have new restaurants in our city.**

□ **I try to visit them all.**

□ **Some are good and some are so-so.**

○ 私たちの町では毎年新しいレストランが開店します。
○ 私はそのすべてに行くようにしています。
○ おいしいところもありますし、まあまあといったところもあります。

*great とても良い ／ excellent 素晴らしい

よく使われる表現

□ **I like eating out on Sundays.**
私は日曜日は外食をするのが好きです。

□ **I go to a restaurant once or twice a week.**
私は週に1度か2度レストランに行きます。

□ **I enjoy eating at Chinese restaurants.**
私は中華料理店で食事をするのを楽しみます。

□ **I go to noodle places for lunch.**
私は昼食には麺の店に行きます。

□ **I don't care for fast food restaurants.**
私はファストフードレストランは好きではありません。

16 Coffee コーヒー

□ I like coffee very much.

□ I drink it first thing in the morning.

□ I drink about three cups a day.

○ 私はコーヒーが大好きです。
○ 私は朝まず最初にコーヒーを飲みます。
○ 私は1日に3杯ほど飲みます。

*after each meal 毎食後 ／ before I go to bed 寝る前に

□ I always drink coffee with milk.

□ Nowadays cafe latte is my favorite.

□ I like it both hot and cold.

○ 私はコーヒーにはいつも牛乳を入れて飲みます。
○ 近頃はカフェラテが私のお気に入りです。
○ 私はホットもアイスも好きです。

*cream クリーム ／ lots of sugar 砂糖をたくさん

基本編	まずは聴いてみる	✔ ❏ ❏ ❏
	英文と意味をチェック	✔ ❏ ❏ ❏
	音読練習	✔ ❏ ❏ ❏
	シャドーイング	✔ ❏ ❏ ❏

応用編	自分の例を作る	✔ ❏ ❏ ❏
	言えるようにする	✔ ❏ ❏ ❏
	実際に使ってみる	✔ ❏ ❏ ❏

- ☐ **I sometimes go to a coffee shop.**
- ☐ **I like American chain coffee shops.**
- ☐ **They have good coffee and music.**

- 私はときどきコーヒー店に行きます。
- 私はアメリカのチェーンのコーヒーショップが好きです。
- おいしいコーヒーと良い音楽があるからです。

*traditional Japanese coffee shops 伝統的な日本の喫茶店

よく使われる表現

☐ **I drink coffee throughout the day.**
私は一日中コーヒーを飲みます。

☐ **I prefer strong coffee to weak coffee.**
私は薄いコーヒーより濃いコーヒーが好きです。

☐ **Coffee keeps me awake at night.**
コーヒーを飲むと夜眠れません。

☐ **I'm a coffee drinker.**
私はコーヒー党です。

☐ **I always have my coffee black.**
コーヒーはいつもブラックで飲みます。

17

Houses 家

- □ Now we live in a new house.
- □ It's a rather large house.
- □ It's very comfortable.

- ○ いま私たちは新しい家に住んでいます。
- ○ それは結構広い家です。
- ○ それはとても住み心地がいいです。

*30-year-old 築30年の

- □ I used to live in an apartment.
- □ It was nice, but far from downtown.
- □ So I moved to my present one.

- ○ 私は以前はアパートに住んでいました。
- ○ それは良いところでしたが、繁華街から遠かったのです。
- ○ だから私はいまのところに引っ越してきました。

*a condo マンション、コンドミニアム(condominium) / my parents' house 両親の家

基本編	まずは聴いてみる	✔ ❑ ❑ ❑
	英文と意味をチェック	✔ ❑ ❑ ❑
	音読練習	✔ ❑ ❑ ❑
	シャドーイング	✔ ❑ ❑ ❑

応用編	自分の例を作る	✔ ❑ ❑ ❑
	言えるようにする	✔ ❑ ❑ ❑
	実際に使ってみる	✔ ❑ ❑ ❑

□ **To own a house is nice.**

□ **But it's very expensive.**

□ **I'll need 20 years to pay off the loan.**

- マイホームを持つのはいいことです。
- でもとてもお金がかかります。
- 私はローンを返済するのに20年かかります。

*my whole life 一生 ／ many years 何年も

よく使われる表現

□ **I have a house in the suburbs of this city.**
私はこの町の郊外に家を持っています。

□ **My house has two stories.**
我が家は2階建てです。

□ **There are five rooms in my house.**
我が家には部屋が5つあります。

□ **My house is close to a subway station.**
我が家は地下鉄の駅のそばです。

□ **The rent for my apartment is high.**
私のアパートの家賃は高いです。

18 Friends 友人

- □ I have some close friends.
- □ They are very nice people.
- □ I feel great when I'm with them.

- 私は何人かの親しい友人がいます。
- みんなとてもいい人たちです。
- 私は彼らといるととてもいい気分になります。

*foreign 外国人の

- □ I usually go to a restaurant with my friends.
- □ It's fun to eat and talk together.
- □ Sometimes I go to a concert with them.

- 私はレストランへはたいてい友人たちと一緒に行きます。
- 一緒に食事をしたり話したりするのは楽しいです。
- 私は時には彼らとコンサートへ行きます。

*play tennis テニスをする ／ go for a drive ドライブへ行く

基本編	まずは聴いてみる	✔ ❑ ❑ ❑
	英文と意味をチェック	✔ ❑ ❑ ❑
	音読練習	✔ ❑ ❑ ❑
	シャドーイング	✔ ❑ ❑ ❑

応用編	自分の例を作る	✔ ❑ ❑ ❑
	言えるようにする	✔ ❑ ❑ ❑
	実際に使ってみる	✔ ❑ ❑ ❑

- ☐ **Having good friends is very important.**
- ☐ **But sometimes it's hard to make friends.**
- ☐ **So I'm happy that I joined the tennis club.**

○ 良い友人を持つことはとても大切です。
○ でも友達を作ることは時に難しいです。
○ だから私はテニスクラブに加入してよかったです。

*finding 見つけること

よく使われる表現

- ☐ **I don't have a lot of friends.**
  私は友人はあまり多くありません。
- ☐ **I can make new friends easily.**
  私は楽に新しい友達を作れます。
- ☐ **My friends always help me.**
  友人たちがいつも私を助けてくれます。
- ☐ **I have a few friends at my office.**
  私は職場に何人か友人がいます。
- ☐ **I sometimes invite my friends for dinner.**
  私はときどき友人たちを夕食に招きます。

19 Smartphones スマートフォン

- I can't live without my smartphone.
- I use it to call people.
- Also it's convenient to check websites.

- 私はスマートフォンなしでは生きられません。
- 私は電話をかけるのにそれを使います。
- またウェブサイトをチェックするのにも便利です。

*send e-mails Eメールを送る

- People say it's expensive to have a smartphone.
- But I don't think so.
- It provides me with many conveniences.

- スマートフォンを所有するのはお金がかかるとみんなは言います。
- でも私はそう思いません。
- それはいろいろな便利さを与えてくれます。

*much information たくさんの情報

基本編	まずは聴いてみる	✔ ❑ ❑ ❑
	英文と意味をチェック	✔ ❑ ❑ ❑
	音読練習	✔ ❑ ❑ ❑
	シャドーイング	✔ ❑ ❑ ❑

応用編	自分の例を作る	✔ ❑ ❑ ❑
	言えるようにする	✔ ❑ ❑ ❑
	実際に使ってみる	✔ ❑ ❑ ❑

□ **My smartphone is a little old.**

□ **So I want to buy a new one.**

□ **It'll be cheaper.**

- 私のスマートフォンは少し古くなりました。
- だから私は新しいのを買いたいと思っています。
- そちらの方が安いでしょう。

*broken 壊れて / slow 遅い

よく使われる表現

□ **I always have a smartphone in my pocket.**
私はいつもポケットにスマートフォンを入れています。

□ **Mine isn't a high-end smartphone.**
私のは高性能のスマートフォンではありません。

□ **I have used this smartphone for two years.**
私はこのスマートフォンを2年間使っています。

□ **Smartphones are just great.**
スマートフォンはそれはもう素晴らしいです。

□ **I use both a cellphone and a smartphone.**
私は携帯電話とスマートフォンの両方を使っています。

20 Sleeping 睡眠

- I always go to bed at eleven.
- And I get up at six.
- So I get seven hours of sleep.

  - 私はいつも11時に寝ます。
  - そして私は6時に起きます。
  - だから私は7時間睡眠を取っていることになります。

= go to sleep

- I can't sleep well.
- Maybe I use a computer too much at night.
- I always feel sleepy in the morning.

  - 私はよく眠ることができません。
  - たぶん私は夜にコンピューターを使いすぎているのです。
  - 私は朝はいつも眠いです。

*deeply 深く ／ soundly ぐっすりと

基本編	まずは聴いてみる	✔ ❑ ❑ ❑
	英文と意味をチェック	✔ ❑ ❑ ❑
	音読練習	✔ ❑ ❑ ❑
	シャドーイング	✔ ❑ ❑ ❑

応用編	自分の例を作る	✔ ❑ ❑ ❑
	言えるようにする	✔ ❑ ❑ ❑
	実際に使ってみる	✔ ❑ ❑ ❑

□ **I sleep a lot on weekends.**

□ **Sometimes I take naps.**

□ **I think sleeping is important.**

- 私は週末はたっぷり眠ります。
- 私はときどき昼寝をします。
- 私は眠ることは大切だと思います。

*necessary 必要だ ／ refreshing 気分をすっきりさせる

よく使われる表現

□ **I always wake up in the middle of the night.**
私はいつも夜中に目が覚めます。

□ **I have trouble sleeping every night.**
私は毎晩眠れずに困っています。

□ **I never get enough sleep.**
私は十分な睡眠を取ることはありません。

□ **I become very sleepy after each meal.**
私は食後にとても眠くなります。

□ **I go to bed when I become sleepy.**
私は眠くなったときに床につきます。

21 Shopping 買い物

- □ I like shopping.
- □ I go to the mall on Sunday.
- □ I sometimes buy too much.

○ 私は買い物が好きです。
○ 私は日曜日にはショッピングモールに行きます。
○ 私はときどき買いすぎてしまいます。

*department store デパート

- □ I like to check out clothes shops.
- □ Because I am interested in fashion.
- □ My favorite clothes are always expensive.

○ 私は洋服店を見て回るのが好きです。
○ なぜなら私はファッションに興味があるからです。
○ 私の気に入った服はいつも高価です。

*boutiques ブティック

基本編	まずは聴いてみる	✔ ❑ ❑ ❑
	英文と意味をチェック	✔ ❑ ❑ ❑
	音読練習	✔ ❑ ❑ ❑
	シャドーイング	✔ ❑ ❑ ❑

応用編	自分の例を作る	✔ ❑ ❑ ❑
	言えるようにする	✔ ❑ ❑ ❑
	実際に使ってみる	✔ ❑ ❑ ❑

□ **Our city has a big shopping mall.**

□ **We can buy anything.**

□ **The problem is I don't have much money.**

- 私たちの町には大きなショッピングモールがあります。
- 私たちは何でも買うことができます。
- 問題は私があまりお金を持っていないということです。

*a fancy department store 高級なデパート

よく使われる表現

□ **Shopping is very tiring for me.**
私にとって買い物はとても疲れます。

□ **I look for quality products.**
私は質の良い商品を捜します。

□ **I do Internet shopping a lot.**
私はインターネットショッピングをたくさんします。

□ **I always use a credit card when shopping.**
私は買い物のときはいつもクレジットカードを使います。

□ **My wife does all the shopping.**
私の妻が買物は全てやっています。

22 Money

金

- ☐ I'm not a rich man.
- ☐ But I have never worried about money.
- ☐ Because I don't spend so much.

- 私は金持ちではありません。
- でも私はお金のことを心配したことはありません。
- なぜなら私はそれほど使わないからです。

= use

- ☐ I always have money problems.
- ☐ I have lots of bank loans.
- ☐ Life is tough.

- 私はいつもお金の問題を抱えています。
- 私は銀行のローンをいっぱい抱えているのです。
- 人生はつらいです。

*debt 借金

基本編	まずは聴いてみる	✔ ❑ ❑ ❑
	英文と意味をチェック	✔ ❑ ❑ ❑
	音読練習	✔ ❑ ❑ ❑
	シャドーイング	✔ ❑ ❑ ❑

応用編	自分の例を作る	✔ ❑ ❑ ❑
	言えるようにする	✔ ❑ ❑ ❑
	実際に使ってみる	✔ ❑ ❑ ❑

- □ **I can save some money.**
- □ **But that's not enough.**
- □ **I need more for a trip to Europe.**

- 私はいくらかのお金を貯金することができます。
- でもそれは十分ではありません。
- 私はヨーロッパ旅行をするのにもっと必要なのです。

*a new house 新しい家 ／ an education for my son 息子の教育

よく使われる表現

- □ **I invest in stocks a lot.**
  私は株に多額の投資をしています。
- □ **I have a savings account at ABC Bank.**
  私は ABC 銀行の口座を持っています。
- □ **I'm trying to cut back on my expenses.**
  私は出費を切り詰めようと心掛けています。
- □ **I don't like to talk about money.**
  私はお金の話をするのが好きではありません。
- □ **I spend 20,000 yen a month on lunch.**
  私は月に2万円を昼食に使っています。

23
Weekends
週末

- ☐ I have many things to do on the weekends.
- ☐ For example, playing tennis, jogging, and other things.
- ☐ I need more time on the weekends.

○ 私は週末にやることがたくさんあります。
○ 例えば、テニス、ジョギング、その他いろいろです。
○ 私は週末にもっと時間が必要です。

*meeting my friends 友人と会う ／ drinking with my co-workers 同僚と飲む

- ☐ I usually stay at home on the weekends.
- ☐ Because I need to do some housework.
- ☐ Also I need to cook for my family.

○ 私は週末はたいてい家にいます。
○ なぜなら私は家事をやる必要があるからです。
○ それに私の家族のために料理をしなければなりません。

*take care of our garden 庭の手入れをする

基本編	まずは聴いてみる	✔ ❑ ❑ ❑
	英文と意味をチェック	✔ ❑ ❑ ❑
	音読練習	✔ ❑ ❑ ❑
	シャドーイング	✔ ❑ ❑ ❑

応用編	自分の例を作る	✔ ❑ ❑ ❑
	言えるようにする	✔ ❑ ❑ ❑
	実際に使ってみる	✔ ❑ ❑ ❑

- □ **I like to go somewhere on the weekends.**
- □ **In summer the seaside is the best.**
- □ **And in winter I go curling.**

○ 私は週末はどこかに出かけるのが好きです。
○ 夏には海辺が一番です。
○ そして冬は私はカーリングをしに行きます。

*go skiing スキーをしに行く ／ go skating スケートをしに行く

よく使われる表現

- □ **Weekends are a time to relax.**
  週末はのんびりするための時間です。
- □ **I rent DVDs and watch them in my room.**
  私は DVD を借りて自分の部屋で見ます。
- □ **Three-day weekends are great.**
  週末が3日続くのは最高です。
- □ **I have to work on weekends.**
  私は週末に働かなくてはなりません。
- □ **I'm always looking forward to weekends.**
  私はいつも週末を楽しみにしています。

24 Daily Schedule 日課

- □ I get up at five.
- □ I jog in the park for an hour.
- □ I leave for work at seven.

- 私は5時に起きます。
- 私は公園を1時間ジョギングします。
- 私は7時に仕事に出かけます。

*read the newspaper 新聞を読む

- □ I work from nine to five.
- □ Sometimes I need to work overtime.
- □ I come back home at eight.

- 私は9時から5時まで仕事をします。
- 私はときには残業をしなければなりません。
- 私は家には8時に戻ります。

*for eight hours 8時間／until I finish my work 仕事が終わるまで

基本編	まずは聴いてみる	✔ ❑ ❑ ❑
	英文と意味をチェック	✔ ❑ ❑ ❑
	音読練習	✔ ❑ ❑ ❑
	シャドーイング	✔ ❑ ❑ ❑

応用編	自分の例を作る	✔ ❑ ❑ ❑
	言えるようにする	✔ ❑ ❑ ❑
	実際に使ってみる	✔ ❑ ❑ ❑

□ **After dinner I watch TV or DVDs.**

□ **I like to relax at home.**

□ **I usually go to bed around eleven.**

○ 夕食の後、私はテレビか DVD を見ます。
○ 私は家でのんびりするのが好きです。
○ 私はたいてい11時ごろに寝ます。

*have a hot bath 温かい風呂に入る ／
talk with my friends on the phone 電話で友人と話す

よく使われる表現

□ **I'm usually free in the morning.**
私は午前中はたいてい暇です。

□ **I have a part-time job in the afternoon.**
私は午後にパートの仕事をしています。

□ **Before breakfast I check my e-mail.**
朝食前に私は E メールをチェックします。

□ **My lunch break is from 12:30 to 1:30.**
私のお昼休みは12時30分から1時30分までです。

□ **I have a meeting every Monday morning.**
私は毎週月曜日の朝に会議があります。

25

Seasons 季節

□ My favorite season is winter.

□ Snow makes the town very romantic.

□ But I hate shoveling snow.

○ 私の好きな季節は冬です。
○ 町は雪でとてもロマンチックになります。
○ でも私は雪かきは嫌いです。

*driving to work 車で仕事に行く

□ Summer is exciting.

□ I like to go swimming with my family.

□ But sometimes it's too hot to sleep.

○ 夏はわくわくします。
○ 私は家族と泳ぎに行くのが好きです。
○ けれども、時には暑すぎて眠れません。

*humid むしむしする / muggy 蒸し暑い

基本編	まずは聴いてみる	✔ ❏ ❏ ❏
	英文と意味をチェック	✔ ❏ ❏ ❏
	音読練習	✔ ❏ ❏ ❏
	シャドーイング	✔ ❏ ❏ ❏

応用編	自分の例を作る	✔ ❏ ❏ ❏
	言えるようにする	✔ ❏ ❏ ❏
	実際に使ってみる	✔ ❏ ❏ ❏

- □ **The red leaves are beautiful in fall.**
- □ **It is a romantic season.**
- □ **But usually the fall is too short.**

○ 秋には紅葉がきれいです。
○ ロマンチックな季節です。
○ でもたいてい秋は短すぎます。

*lonely さびしい／sad 悲しい

よく使われる表現

□ **Our spring is very short.**
当地の春はとても短いです。

□ **Spring is the best time to visit our city.**
春が私たちの町を訪れるのに最も良い時期です。

□ **The winters here are terrible.**
ここの冬はひどいです。

□ **I like summer the best of all seasons.**
私は全ての季節の中で夏が一番好きです。

□ **I like Japan because it has four seasons.**
四季があるので、私は日本が好きです。

英会話３行革命

Chapter 3

Hobbies and Interests

趣味と興味

26 English 英語

- □ I started studying English in junior high school.
- □ I was not a good student.
- □ But I liked to speak English.

  ○ 私は中学校で英語の勉強を始めました。
  ○ 私はあまり英語が得意な生徒ではありませんでした。
  ○ でも私は英語を話すのは好きでした。

*read English books 英語の本を読む ／ watch American movies アメリカ映画を見る

- □ Speaking in English is fun.
- □ I often have a chance to speak with foreigners.
- □ I want to be a better English speaker.

  ○ 英語をしゃべるのは楽しいです。
  ○ 私は外国人と話す機会がよくあります。
  ○ 私は英語がもっとうまくしゃべれるようになりたいと思っています。

*answer the phone in English 英語で電話の応対をする

基本編	まずは聴いてみる	✔ ❑ ❑ ❑
	英文と意味をチェック	✔ ❑ ❑ ❑
	音読練習	✔ ❑ ❑ ❑
	シャドーイング	✔ ❑ ❑ ❑

応用編	自分の例を作る	✔ ❑ ❑ ❑
	言えるようにする	✔ ❑ ❑ ❑
	実際に使ってみる	✔ ❑ ❑ ❑

- ☐ **Now I go to an English school once a week.**
- ☐ **My English teacher is from Canada.**
- ☐ **He tells us a lot about his country.**

- いま私は週に１回英語学校に通っています。
- 私の英語の先生はカナダ出身です。
- 彼は私たちに自分の国のことをいろいろ話してくれます。

*experiences 経験 ／ favorite food 好きな食べ物

よく使われる表現

- ☐ **I need English for my job.**
  私は自分の仕事のために英語が必要です。
- ☐ **I've studied English for many years.**
  私は何年間も英語を勉強してきました。
- ☐ **I want to improve my listening ability.**
  私は自分のリスニング能力を向上させたいです。
- ☐ **My English is getting better.**
  私の英語は上達してきています。
- ☐ **I think English is the most important language.**
  私は英語が最も重要な言葉だと思います。

27

Music

音楽

□ I like to listen to music very much.

□ I especially like jazz.

□ My favorite jazz musician is Stacy Carter.

- 私は音楽を聴くのが大好きです。
- 私は特にジャズが好きです。
- 私の好きなジャズミュージシャンはステイシー・カーターです。

*singer 歌手 / player プレイヤー

□ I sometimes go to concerts.

□ Live music is great.

□ But I don't like outdoor concerts.

- 私はときどきコンサートに行きます。
- 生の音楽は最高です。
- けれども屋外コンサートは好きではありません。

*smoky jazz clubs タバコの煙でいっぱいのジャズクラブ / noisy clubs 騒がしいクラブ

基本編	まずは聴いてみる	✔ ❑ ❑ ❑
	英文と意味をチェック	✔ ❑ ❑ ❑
	音読練習	✔ ❑ ❑ ❑
	シャドーイング	✔ ❑ ❑ ❑

応用編	自分の例を作る	✔ ❑ ❑ ❑
	言えるようにする	✔ ❑ ❑ ❑
	実際に使ってみる	✔ ❑ ❑ ❑

□ **I played the guitar when I was young.**

□ **I wasn't very good.**

□ **I want to start practicing it again.**

- 私は若いころギターを弾いていました。
- 私はあまり上手ではありませんでした。
- 私はまた練習を始めたいと思っています。

***trumpet** トランペット

よく使われる表現

□ **I download new songs from the Internet.**
私は新しい曲をインターネットからダウンロードします。

□ **I'm not very musical.**
私にはあまり音楽のセンスはありません。

□ **I have a good singing voice.**
私は良い歌声をしています。

□ **I can sing some songs in English.**
私は英語の歌をいくつか歌えます。

□ **I can't play any musical instruments.**
私は楽器が弾けません。

28

Traveling 旅行

- □ I like old Japanese cities.
- □ Kyoto is nice.
- □ But I like Kanazawa better.

  - 私は日本の古い町が好きです。
  - 京都はいいところです。
  - でも私は金沢の方が好きです。

*traditional 伝統的な

- □ I like traveling overseas very much.
- □ I've been to Europe and the United States.
- □ I'd like to go to Asian countries next.

  - 私は海外旅行が大好きです。
  - ヨーロッパやアメリカ合衆国に行ったことがあります。
  - 次はアジアの国に行きたいです。

= abroad, to foreign countries

基本編	まずは聴いてみる	✔ ❑ ❑ ❑
	英文と意味をチェック	✔ ❑ ❑ ❑
	音読練習	✔ ❑ ❑ ❑
	シャドーイング	✔ ❑ ❑ ❑

応用編	自分の例を作る	✔ ❑ ❑ ❑
	言えるようにする	✔ ❑ ❑ ❑
	実際に使ってみる	✔ ❑ ❑ ❑

□ **Buses are a cheap way to travel.**

□ **But I prefer trains.**

□ **Of course, I fly when necessary.**

- バスは安上がりな旅行手段です。
- でも私は列車の方が好きです。
- もちろん、必要があれば飛行機にも乗ります。

*(an) easy 簡単な

よく使われる表現

□ **I've traveled to most places in Japan.**
私は日本のほとんどの場所を旅しました。

□ **I spend one week in Okinawa every winter.**
私は毎年冬の１週間を沖縄で過ごします。

□ **I had a great time in Hawaii.**
私はハワイで素敵な時を過ごしました。

□ **My last trip was to London.**
私の前回の旅はロンドンでした。

□ **I'm planning to go to Paris this summer.**
私はこの夏パリに行く計画をしています。

29

Photography 写真

- ☐ I have a nice camera.
- ☐ Every week I go somewhere to take photos.
- ☐ I'm interested in landscapes.

- 私は良いカメラを持っています。
- 私は毎週どこかへ写真を撮りに行きます。
- 私は風景に興味があります。

*flowers 花 ／ portraits 肖像写真

- ☐ Photography is great.
- ☐ It's a nice way to relax.
- ☐ Also you can get to know your area better.

- 写真撮影は素晴らしいです。
- リラックスするための良い方法です。
- また自分の住む地域をよりよく知ることもできます。

*make friends 友達を作る ／ stay young 若さを保つ

基本編	まずは聴いてみる	✔ ❑ ❑ ❑
	英文と意味をチェック	✔ ❑ ❑ ❑
	音読練習	✔ ❑ ❑ ❑
	シャドーイング	✔ ❑ ❑ ❑

応用編	自分の例を作る	✔ ❑ ❑ ❑
	言えるようにする	✔ ❑ ❑ ❑
	実際に使ってみる	✔ ❑ ❑ ❑

- □ **I often go to see photos at exhibitions.**
- □ **Because I can learn a lot from nice photos.**
- □ **There are many good photographers.**

○ 私はよく写真展を見に行きます。
○ なぜなら良い写真からはたくさんのことを学べるからです。
○ 数多くの優れた写真家がいます。

*unique 独特な ／ interesting 面白い

趣味と興味

よく使われる表現

- □ **I use only digital cameras.**
  私はデジタルカメラしか使いません。
- □ **New cameras are expensive.**
  新しいカメラは高価です。
- □ **I take photos for contests.**
  私はコンテストのために写真を撮ります。
- □ **I usually take pictures of my children.**
  私はたいていは私の子供の写真を撮ります。
- □ **I'm good at editing photos on my computer.**
  私はコンピューターで写真を編集するのが得意です。

30

Computers コンピューター

- □ I'm good at computers.
- □ I learned to use them when I was a college student.
- □ Computers are a great invention.

○ 私はコンピューターが得意です。
○ 私は大学生の時に使い方を教わりました。
○ コンピューターは偉大な発明です。

*tool 道具

- □ I've used this computer for four years.
- □ ABC Company makes great stuff.
- □ I'm always looking forward to their new products.

○ 私は4年間このコンピューターを使っています。
○ ABC カンパニーは良いものを作っています。
○ 私はいつも彼らの新製品を楽しみにしています。

*ideas アイデア ／ projects 企画

基本編	まずは聴いてみる	✔ ❑ ❑ ❑
	英文と意味をチェック	✔ ❑ ❑ ❑
	音読練習	✔ ❑ ❑ ❑
	シャドーイング	✔ ❑ ❑ ❑

応用編	自分の例を作る	✔ ❑ ❑ ❑
	言えるようにする	✔ ❑ ❑ ❑
	実際に使ってみる	✔ ❑ ❑ ❑

- □ **I want to buy a new computer.**
- □ **I need something light for business.**
- □ **Maybe a small tablet would be fine.**

○ 私は新しいコンピューターを買いたいです。
○ 私はビジネス用に軽いものが必要なのです。
○ 恐らく小型のタブレットで大丈夫でしょう。

*smartphone スマートフォン ／ laptop ノートパソコン

よく使われる表現

- □ **I usually surf the Internet for two hours a day.**
  私はいつも1日に2時間ネットサーフィンをします。
- □ **I buy books and CDs through the Internet.**
  私はネットで本や CD を買います。
- □ **I visit some news sites on the Web.**
  私はウェブニュースのサイトをいくつか見ます。
- □ **I use a computer at work all day.**
  私は仕事で1日中コンピューターを使います。
- □ **Computers are a big part of my life.**
  コンピューターは私の生活の大きな部分を占めています。

31 TV

テレビ

- □ I like watching TV very much.
- □ I watch TV every morning and every night.
- □ I can't think of life without TV.

- 私はテレビを見るのが大好きです。
- 私は毎朝、そして毎晩テレビを見ます。
- 私はテレビなしの生活など考えられません。

*all night long 一晩中 / from morning till night 朝から晩まで

- □ I especially like quiz shows.
- □ They are fun.
- □ Of course, I sometimes get bored.

- 私は特にクイズ番組が好きです。
- 面白いですから。
- もちろん私はときどき飽きることもあります。

*sports programs スポーツ番組 / soap operas 昼メロ

基本編	まずは聴いてみる	✔ ❑ ❑ ❑
	英文と意味をチェック	✔ ❑ ❑ ❑
	音読練習	✔ ❑ ❑ ❑
	シャドーイング	✔ ❑ ❑ ❑

応用編	自分の例を作る	✔ ❑ ❑ ❑
	言えるようにする	✔ ❑ ❑ ❑
	実際に使ってみる	✔ ❑ ❑ ❑

- ☐ **News programs are great.**
- ☐ **I get most of my news from TV.**
- ☐ **I watch a late night news program every day.**

○ ニュース番組は最高です。
○ 私はニュースの大部分はテレビで知ります。
○ 私は毎日深夜のニュース番組を見ます。

*the 7 o'clock news 7時のニュース ／
an English news program 英語のニュース番組

よく使われる表現

- ☐ **I hate quiz shows.**
  私はクイズ番組は嫌いです。
- ☐ **I think TV is very educational.**
  私はテレビはとても教育的だと思います。
- ☐ **I like cooking programs the best.**
  私は料理番組が一番好きです。
- ☐ **I don't have a TV set at home.**
  家にはテレビがありません。
- ☐ **I watch TV programs on YouTube.**
  私はテレビ番組はユーチューブで見ます。

32

Hot Springs 温泉

- □ I like to go to hot springs.
- □ My favorite hot spring resort is Beppu.
- □ I have been there twice.

- 私は温泉に行くのが好きです。
- 私が好きな温泉地は別府です。
- 私は2度行ったことがあります。

*many times 何回も ／ a few times 何回か

- □ I like outdoor baths.
- □ They're very popular in winter.
- □ Beer after a bath is just great.

- 私は露天風呂が好きです。
- 冬には大変人気があります。
- 風呂上りのビールは最高です。

*a bottle of milk 瓶入り牛乳 ／ an ice candy bar アイスキャンディー

基本編		
	まずは聴いてみる	✔ ❏ ❏ ❏
	英文と意味をチェック	✔ ❏ ❏ ❏
	音読練習	✔ ❏ ❏ ❏
	シャドーイング	✔ ❏ ❏ ❏

応用編		
	自分の例を作る	✔ ❏ ❏ ❏
	言えるようにする	✔ ❏ ❏ ❏
	実際に使ってみる	✔ ❏ ❏ ❏

- □ **There are many hot springs in Japan.**
- □ **I'd like to visit them all.**
- □ **It's my dream.**

○ 日本には数多くの温泉があります。
○ 私はすべてを訪れてみたいと思います。
○ それが私の夢です。

*goal 目標

よく使われる表現

- □ **I go to a hot spring once a month.**
  私は月に１度温泉に行きます。
- □ **I like the smell of hot springs.**
  私は温泉のにおいが好きです。
- □ **I like traditional hot spring hotels.**
  私は伝統的な温泉旅館が好きです。
- □ **I think most Japanese like hot springs.**
  私はほとんどの日本人は温泉が好きだと思います。
- □ **Our company has a year-end party at a hot spring.**
  我が社は忘年会を温泉でやります。

33 Drinking 飲酒

□ I drink almost every night.

□ My favorite drink is beer.

□ But sometimes I drink wine, too.

○ 私はほぼ毎晩お酒を飲みます。
○ 好きな酒はビールです。
○ でも私はときにはワインも飲みます。

*whiskey ウイスキー

□ Alcohol is too expensive at bars.

□ So I drink at home.

□ It's a nice way to relax.

○ アルコールはバーで飲むと高すぎます。
○ だから私は家で飲みます。
○ リラックスする良い方法です。

*restaurants レストラン／night clubs ナイトクラブ

基本編	まずは聴いてみる	✔ ❑ ❑ ❑
	英文と意味をチェック	✔ ❑ ❑ ❑
	音読練習	✔ ❑ ❑ ❑
	シャドーイング	✔ ❑ ❑ ❑

応用編	自分の例を作る	✔ ❑ ❑ ❑
	言えるようにする	✔ ❑ ❑ ❑
	実際に使ってみる	✔ ❑ ❑ ❑

□ **I used to drink a lot.**

□ **But now I'm a social drinker.**

□ **I never drink alone.**

- 私は以前はたくさん酒を飲んでいました。
- でも私はいまは付き合いで飲むだけです。
- 私は一人で飲むことはありません。

*too much 多すぎる量を

よく使われる表現

□ **I especially like German wine.**
私は特にドイツワインが好きです。

□ **I like to have a drink with dinner.**
私は夕食とともに酒を飲むのが好きです。

□ **I never get hangovers.**
私は二日酔いになることがありません。

□ **After work I like to have a cold beer in summer.**
私は夏は仕事の後に冷たいビールを飲むのが好きです。

□ **My father was a heavy drinker.**
私の父は大酒飲みでした。

34 Movies 映画

- □ I like to watch movies.
- □ But I don't go to a movie theater very often.
- □ Usually I watch DVDs at home.

- ○ 私は映画を見るのが好きです。
- ○ でも私は映画館へはあまり頻繁には行きません。
- ○ 私はたいてい家で DVD を見ます。

*movies on TV テレビで放送される映画 ／ movies on the Internet インターネットで放送される映画

- □ My favorite movies are love stories.
- □ Mysteries and dramas are OK.
- □ But I don't like comedies.

- ○ 私の好きな映画は恋愛映画です。
- ○ ミステリーやドラマもまあまあ好きです。
- ○ でも私はコメディは好きではありません。

*so-so まあまあ ／ not bad 悪くない

基本編	まずは聴いてみる	✔ ❏ ❏ ❏
	英文と意味をチェック	✔ ❏ ❏ ❏
	音読練習	✔ ❏ ❏ ❏
	シャドーイング	✔ ❏ ❏ ❏

応用編	自分の例を作る	✔ ❏ ❏ ❏
	言えるようにする	✔ ❏ ❏ ❏
	実際に使ってみる	✔ ❏ ❏ ❏

□ **My favorite actor is David Walker.**

□ **He is very popular in America.**

□ **I have watched most of his movies.**

○ 私の好きな俳優はデイビッド・ウォーカーです。
○ 彼はアメリカで大変人気があります。
○ 彼の映画はほとんど見ています。

*respected 評判の高い ／ well-known 有名な

よく使われる表現

□ **I've seen some Indian movies.**
私はインド映画を何本か見たことがあります。

□ **I think Japanese movies are the best.**
私は日本映画が一番だと思います。

□ **Any movie is fine with me.**
私はどんな映画でも見ます。

□ **I rent DVDs every weekend.**
私は毎週末 DVD を借ります。

□ **I watch movies to learn English.**
私は英語を学ぶために映画を見ます。

35

Reading

読書

- ☐ I like reading novels.
- ☐ My favorite novelist is Shinji Sawada.
- ☐ I think he's a great writer.

○ 私は小説を読むのが好きです。
○ 私の好きな小説家は澤田信次です。
○ 彼は素晴らしい作家だと思います。

*mysteries ミステリー、推理小説 ／ essays エッセイ

- ☐ I read on the train.
- ☐ Nowadays I use my smartphone.
- ☐ So I don't have to carry a book.

○ 私は電車の中で読書をします。
○ 私は近頃はスマートフォンを使います。
○ だから私は本を持ち運ぶ必要がありません。

*tablet タブレット

基本編	まずは聴いてみる	✔ ❑ ❑ ❑
	英文と意味をチェック	✔ ❑ ❑ ❑
	音読練習	✔ ❑ ❑ ❑
	シャドーイング	✔ ❑ ❑ ❑

応用編	自分の例を作る	✔ ❑ ❑ ❑
	言えるようにする	✔ ❑ ❑ ❑
	実際に使ってみる	✔ ❑ ❑ ❑

□ **I used to go to bookstores.**

□ **But now I buy books on the Net.**

□ **It's very convenient.**

- 私はかつては本屋さんに行きました。
- でも私はいまは本はネットで買います。
- とても便利です。

*fast 速い ／ cheap 安い

よく使われる表現

□ **I like browsing in bookstores.**
私は本屋さんで本を見て回るのが好きです。

□ **I sometimes borrow books from the library.**
私はときどき図書館から本を借ります。

□ **There aren't any books I want to read right now.**
今は読みたいと思う本はありません。

□ **I try to read English magazines.**
私は英語の雑誌を読むようにしています。

□ **I follow some news blogs on the Internet.**
私はネットのニュースブログをフォローしています。

36 Driving 運転

- ☐ I got a new car.
- ☐ It's a very economical car.
- ☐ I go driving every weekend.

- 私は新車を買いました。
- とても経済的な車です。
- 私は毎週末ドライブに出かけています。

*compact 小型の ／ fast 速い

- ☐ I'm a careful driver.
- ☐ I've never had an accident.
- ☐ But once I got a ticket for speeding.

- 私は慎重なドライバーです。
- 私は事故に遭ったことはありません。
- でも私は一度スピード違反で切符を切られました。

*parking illegally 違法駐車

基本編	まずは聴いてみる	✔ ❑ ❑ ❑
	英文と意味をチェック	✔ ❑ ❑ ❑
	音読練習	✔ ❑ ❑ ❑
	シャドーイング	✔ ❑ ❑ ❑

応用編	自分の例を作る	✔ ❑ ❑ ❑
	言えるようにする	✔ ❑ ❑ ❑
	実際に使ってみる	✔ ❑ ❑ ❑

- □ **I don't have a car.**
- □ **Because it's expensive to have one.**
- □ **So I use public transportation.**

- 私は車を持っていません。
- 車を所有するのにお金がかかりすぎるからです。
- だから私は公共交通機関を使います。

*troublesome 面倒な

よく使われる表現

- □ **I never buy used cars.**
  私は中古車は絶対買いません。
- □ **My car is a hybrid.**
  私の車はハイブリッド車です。
- □ **I'm happy with my car.**
  私は自分の車に満足しています。
- □ **I've driven the same car for eight years.**
  私は同じ車を8年間運転し続けています。
- □ **We are a two-car family.**
  我が家には車が2台あります。

37 Comics マンガ

- □ Reading comics is my hobby.
- □ Japanese comics are great.
- □ I especially like sports stories.

- マンガを読むのが私の趣味です。
- 日本のマンガは素晴らしいです。
- 私は特にスポーツマンガが好きです。

*school 学園 ／ love 恋愛

- □ I buy comic books regularly.
- □ So I have many in my apartment.
- □ Of course, I read them all.

- 私は定期的にマンガを買っています。
- だから私はアパートにいっぱい持っています。
- もちろん私はそれらを全て読みました。

*quite often かなりしょっちゅう ／ once in a while ときどき

基本編	まずは聴いてみる	✔ ❑ ❑ ❑
	英文と意味をチェック	✔ ❑ ❑ ❑
	音読練習	✔ ❑ ❑ ❑
	シャドーイング	✔ ❑ ❑ ❑

応用編	自分の例を作る	✔ ❑ ❑ ❑
	言えるようにする	✔ ❑ ❑ ❑
	実際に使ってみる	✔ ❑ ❑ ❑

- □ **I don't buy comic books.**
- □ **I usually rent them.**
- □ **Also I sometimes read them at manga cafes.**

○ 私はマンガの本は買いません。
○ 私はたいてい借ります。
○ また私はときどきマンガ喫茶で読んだりします。

*hospitals 病院

よく使われる表現

- □ **I think comic books are cheap.**
  私はマンガの本は安いと思います。
- □ **I don't read comic books with sex and violence.**
  私はセックスや暴力のあるマンガは読みません。
- □ **I like comic books about love.**
  私は恋愛に関するマンガが好きです。
- □ **I often sell my comic books to a second-hand shop.**
  私はよくマンガの本を古本屋さんに売ります。
- □ **Japanese comic books are popular in Europe.**
  日本のマンガはヨーロッパで人気があります。

38

Baseball

野球

- □ I like baseball the best of all sports.
- □ My favorite team is the Giants.
- □ I go to see a game once a year.

○ 私は全てのスポーツの中で野球が一番好きです。
○ 私のお気に入りのチームはジャイアンツです。
○ 私は年に１回試合を見に行きます。

*twice 2回／three times 3回

- □ I played baseball when I was young.
- □ But I don't play anymore.
- □ It's a hard sport.

○ 私は若いころ野球をやっていました。
○ でも私はいまはもうやっていません。
○ ハードなスポーツですから。

*time-consuming 時間のかかる

基本編	まずは聴いてみる	✔ ❑ ❑ ❑
	英文と意味をチェック	✔ ❑ ❑ ❑
	音読練習	✔ ❑ ❑ ❑
	シャドーイング	✔ ❑ ❑ ❑

応用編	自分の例を作る	✔ ❑ ❑ ❑
	言えるようにする	✔ ❑ ❑ ❑
	実際に使ってみる	✔ ❑ ❑ ❑

- □ **I sometimes watch American baseball games.**
- □ **Because many Japanese are playing.**
- □ **I'm a fan of Masahiro Nakata.**

○ 私はときどきアメリカの野球の試合を見ます。
○ たくさんの日本人選手がプレーしているからです。
○ 私は中田昌広のファンです。

*Major League Baseball 大リーグ

よく使われる表現

□ **I used to play baseball, but not anymore.**
私は以前は野球をやっていましたが、もう止めました。

□ **My dream was to become a professional baseball player.**
私の夢はプロ野球選手になることでした。

□ **I'm good at playing catch.**
私はキャッチボールが得意です。

□ **I think baseball is more popular than soccer in Japan.**
私は日本では野球の方がサッカーよりも人気があると思います。

□ **These days I don't see many children playing baseball in the park.**
私は近頃公園で野球をやっている子供たちをそれほど多く見かけなくなりました。

39 Soccer サッカー

- ☐ I belong to a soccer club.
- ☐ We practice twice a week.
- ☐ It's a great team sport.

- 私はサッカークラブに所属しています。
- 私たちは週に2回練習しています。
- サッカーは素晴らしいチームスポーツです。

*popular 人気のある ／ fun 楽しい

- ☐ I like to watch soccer games on TV.
- ☐ I especially like international games.
- ☐ I hope Japan wins the World Cup someday.

- 私はサッカーの試合をテレビで見るのが好きです。
- 私は特に国際試合が好きです。
- 私は日本にいつかワールドカップで優勝してほしいです。

*at the stadium スタジアムで

基本編	まずは聴いてみる	✔ ❑ ❑ ❑
	英文と意味をチェック	✔ ❑ ❑ ❑
	音読練習	✔ ❑ ❑ ❑
	シャドーイング	✔ ❑ ❑ ❑

応用編	自分の例を作る	✔ ❑ ❑ ❑
	言えるようにする	✔ ❑ ❑ ❑
	実際に使ってみる	✔ ❑ ❑ ❑

- □ **Some soccer rules are difficult to understand.**
- □ **And the games are too long.**
- □ **So I watch the sports news on TV.**

○ サッカーのルールのいくつかは理解が難しいです。
○ それからサッカーの試合は長すぎます。
○ だから私はテレビのスポーツニュースを見ます。

*complicated 複雑な

よく使われる表現

- □ **My favorite team is Ganbare Sapporo.**
私の好きなチームはガンバレ札幌です。
- □ **I like to watch women's soccer these days.**
私は最近女子サッカーを見るのが好きです。
- □ **I know only a few soccer players.**
私はサッカーの選手は数名しか知りません。
- □ **Now I understand soccer better than before.**
私はいまは以前よりもサッカーがよくわかります。
- □ **I'm too old to play soccer.**
私はサッカーをプレーするのには年をとりすぎました。

英会話３行革命

Chapter 4

Occupation

職業

40 Companies 会社

- □ I work for a construction company in Osaka.
- □ It's a big company.
- □ We have ten branch offices in Japan.

○ 私は大阪の建設会社で働いています。
○ 大きな会社です。
○ 日本に10の支社があります。

*a trading firm 商社 ／ an insurance company 保険会社

- □ Our company was founded in 1970.
- □ It produces agricultural machines.
- □ It has 200 million yen in capital.

○ 我が社は1970年に創業しました。
○ 農業機械を製造しています。
○ 資本金は2億円です。

*computer chips コンピューターチップ ／ car parts 自動車部品

基本編	まずは聴いてみる	✔ ❏ ❏ ❏
	英文と意味をチェック	✔ ❏ ❏ ❏
	音読練習	✔ ❏ ❏ ❏
	シャドーイング	✔ ❏ ❏ ❏

応用編	自分の例を作る	✔ ❏ ❏ ❏
	言えるようにする	✔ ❏ ❏ ❏
	実際に使ってみる	✔ ❏ ❏ ❏

- ☐ **About 400 people are working for our company.**
- ☐ **Annual sales are about ten billion yen.**
- ☐ **It's growing fast.**

- ○ 我が社には約400人が働いています。
- ○ 年間売上高は約100億円です。
- ○ 我が社は急成長をしています。

= rapidly

職業

よく使われる表現

- ☐ **My dream is to start my own company.**
  私の夢は自分の会社を始めることです。
- ☐ **Our headquarters is in Osaka.**
  我が社の本社は大阪にあります。
- ☐ **We do a lot of international business.**
  我が社は国際的ビジネスをたくさん行っています。
- ☐ **I'm proud of my company and co-workers.**
  私は自分の会社と同僚を誇りに思っています。
- ☐ **Our company's stock is going up.**
  我が社の株が上がっています。

41 Job

職

- ☐ I'm an engineer.
- ☐ It's a good job.
- ☐ Sometimes I need to go overseas.

- 私はエンジニアです。
- それはいい仕事です。
- ときどき私は海外に行かなければなりません。

*a computer programmer コンピュータープログラマー ／
a sports trainer スポーツトレーナー

- ☐ I work as a hotel receptionist.
- ☐ I like the job very much.
- ☐ Because I can meet many interesting people.

- 私はホテルの受付係として働いています。
- 私はその仕事がとても気に入っています。
- なぜなら私がたくさんの面白い人たちに会えるからです。

*use my English 自分の英語を使う

基本編		
	まずは聴いてみる	✔ ❑ ❑ ❑
	英文と意味をチェック	✔ ❑ ❑ ❑
	音読練習	✔ ❑ ❑ ❑
	シャドーイング	✔ ❑ ❑ ❑

応用編		
	自分の例を作る	✔ ❑ ❑ ❑
	言えるようにする	✔ ❑ ❑ ❑
	実際に使ってみる	✔ ❑ ❑ ❑

- □ **I was an office worker.**
- □ **But I didn't like my job.**
- □ **So I quit.**

- 私は事務員でした。
- でも私はその仕事が好きではありませんでした。
- だから私は辞めました。

*pay 給料 ／ co-workers 同僚

職業

よく使われる表現

- □ **I work as a bank clerk.**
  私は銀行員として働いています。
- □ **I work in the sales section.**
  私は営業部で働いています。
- □ **I work part-time at a supermarket.**
  私はスーパーでパートタイムの仕事をしています。
- □ **I employ about 20 people.**
  私はおよそ20人の従業員を雇っています。
- □ **I'm looking for another job.**
  私は別の仕事を捜しています。

42 Commuting 通勤

- I drive to work.
- It's just a 15-minute drive.
- I enjoy a great radio program every morning.

○ 私は車で仕事に通っています。
○ ほんの15分の運転です。
○ 私は毎朝最高のラジオ番組を楽しんでいます。

= go to work by car

- I take the train to work.
- It's always crowded.
- But it's fast and cheap.

○ 私は電車で通勤しています。
○ いつも混雑しています。
○ でも速くて安いのです。

*punctual 時間が正確

基本編		
	まずは聴いてみる	✔ ❑ ❑ ❑
	英文と意味をチェック	✔ ❑ ❑ ❑
	音読練習	✔ ❑ ❑ ❑
	シャドーイング	✔ ❑ ❑ ❑

応用編		
	自分の例を作る	✔ ❑ ❑ ❑
	言えるようにする	✔ ❑ ❑ ❑
	実際に使ってみる	✔ ❑ ❑ ❑

- □ **I don't like commuting.**
- □ **Because I have to leave my house at five.**
- □ **And I need to change trains three times.**

- 私は通勤は好きではありません。
- なぜなら私は家を5時に出なければならないからです。
- それから私は電車を3回も乗り換えなければなりません。

*keep standing on the train 電車で立ち続ける

職業

よく使われる表現

- □ **I usually take a nap on the train.**
  私はたいてい電車で居眠りをします。
- □ **I can always find a seat on the train.**
  私はいつも電車で席を見つけることができます。
- □ **I catch the seven o'clock train every day.**
  私は毎日7時の電車に乗ります。
- □ **My company pays half of my transportation costs.**
  私の会社は私の交通費の半額を支払ってくれます。
- □ **My company is within walking distance.**
  私の会社は徒歩圏内です。

43 Salary 給料

- ☐ I get about 250,000 yen a month.
- ☐ I think it's average for my age.
- ☐ Of course, I want more.

- 私は月に約25万円を受け取っています。
- 私の年齢では平均的な額だと思います。
- もちろん私はもっと欲しいです。

*low 低い ／ high 高い

- ☐ I'm satisfied with my salary.
- ☐ I know the economy is not good now.
- ☐ I'll just try harder.

- 私は自分の給料に満足しています。
- 私はいまは経済が良くないことはわかっています。
- もっと一生懸命頑張るだけです。

*the company is not doing well 会社の調子が良くない

基本編		
	まずは聴いてみる	✔ ❑ ❑ ❑
	英文と意味をチェック	✔ ❑ ❑ ❑
	音読練習	✔ ❑ ❑ ❑
	シャドーイング	✔ ❑ ❑ ❑

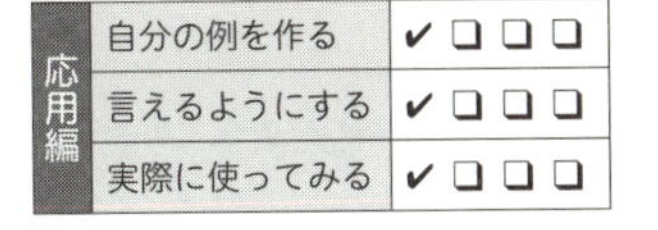

応用編		
	自分の例を作る	✔ ❑ ❑ ❑
	言えるようにする	✔ ❑ ❑ ❑
	実際に使ってみる	✔ ❑ ❑ ❑

□ **My salary is pretty low.**

□ **And there's no bonus.**

□ **I don't know what to do.**

- 私の給料はかなり低いです。
- それからボーナスもありません。
- 私はどうすればよいのかわかりません。

*housing support 住宅手当

よく使われる表現

□ **I receive a reasonable salary.**
私は妥当な額の給料を受け取っています。

□ **I'm paid more than enough.**
私は十分以上の給料をもらっています。

□ **I earn about five million yen a year.**
私は年収でおよそ500万円もらっています。

□ **I get two bonuses, summer and winter.**
私は夏と冬の2回ボーナスをもらっています。

□ **It's difficult to live on my pay.**
私の給料では暮らすのが困難です。

44
Co-workers 同僚

- □ I'm lucky to have nice co-workers.
- □ They're fun and helpful.
- □ We meet at work and after work.

- 私は同僚がいい人たちで幸運です。
- 彼らは楽しく、力になってくれます。
- 私たちは仕事でも仕事の後でも一緒になります。

*kind 親切な ／ talented 有能な

- □ Most of my co-workers are OK.
- □ But I can't stand some of them.
- □ Anyway, that's life.

- 私の同僚のほとんどはまあまあいい人です。
- でも私は何人かには我慢ができません。
- とにかく、人生はそんなものですね。

*one 1人 ／ two 2人

基本編	まずは聴いてみる	✔ ❑ ❑ ❑
	英文と意味をチェック	✔ ❑ ❑ ❑
	音読練習	✔ ❑ ❑ ❑
	シャドーイング	✔ ❑ ❑ ❑

応用編	自分の例を作る	✔ ❑ ❑ ❑
	言えるようにする	✔ ❑ ❑ ❑
	実際に使ってみる	✔ ❑ ❑ ❑

- □ **I go drinking with my co-workers.**
- □ **It's really fun to be with them.**
- □ **Sometimes we drink too much.**

- 私は同僚と飲みに行きます。
- 彼らと居るととても楽しいです。
- 私たちはときどき飲みすぎてしまいます。

*talk 話す

職業

よく使われる表現

□ **I get along well with my co-workers.**
私は同僚とうまくやっています。

□ **I have some strange co-workers.**
私は何人か変な同僚がいます。

□ **I usually go out to lunch with my co-workers.**
私はたいてい同僚と昼食に出ます。

□ **I don't have any co-workers.**
私には同僚がいません。

□ **My co-workers are all hardworking.**
私の同僚はみな働き者です。

45

Working Hours 勤務時間

- □ I work from nine to five.
- □ Lunch break is one hour.
- □ I have two days off a week.

- 私は9時から5時まで働いています。
- 昼休みは1時間です。
- 私は一週間に2日休みがあります。

*for eight hours 8時間 ／ until five 5時まで

- □ I have to work overtime.
- □ Sometimes I don't have any day off.
- □ I'd like to have more free time.

- 私は残業をしなければなりません。
- 私は時には休日を全く取れないときもあります。
- 私はもっと自由な時間が欲しいです。

*paid holidays 有給休暇

基本編	まずは聴いてみる	✔ ❑ ❑ ❑
	英文と意味をチェック	✔ ❑ ❑ ❑
	音読練習	✔ ❑ ❑ ❑
	シャドーイング	✔ ❑ ❑ ❑

応用編	自分の例を作る	✔ ❑ ❑ ❑
	言えるようにする	✔ ❑ ❑ ❑
	実際に使ってみる	✔ ❑ ❑ ❑

- □ **I don't mind working long hours.**
- □ **It's nice to have some extra pay.**
- □ **Even a night shift is OK with me.**

- 私は長時間働くのは構いません。
- 残業代をいくらかもらうのはいいものです。
- 夜勤でも私は大丈夫です。

*a transfer to Hokkaido 北海道への転勤

職業

よく使われる表現

- □ **I want to have a full-time job.**
  私はフルタイムの仕事がほしいです。
- □ **I have a flexible schedule.**
  私は融通が利くスケジュールです。
- □ **I'm never late for work.**
  私は仕事に遅刻したことがありません。
- □ **My working hours are too long.**
  私の勤務時間は長すぎます。
- □ **Sometimes I can finish my work at five sharp.**
  ときどき私は自分の仕事を5時ちょうどに終わらせることができます。

46

Meetings 会議

- □ Every day we have a meeting.
- □ It usually lasts until late at night.
- □ I hate meetings.

○ 私たちは毎日会議を開きます。
○ たいてい夜遅くまで続きます。
○ 私は会議は嫌いです。

*midnight 夜の12時

- □ Sometimes meetings are necessary.
- □ We can have good discussions.
- □ It's important to know other opinions.

○ ときどき会議は必要です。
○ 私たちは良い議論ができます。
○ 他の意見を知ることは重要です。

*ideas 考え

基本編	まずは聴いてみる	✔ ❑ ❑ ❑
	英文と意味をチェック	✔ ❑ ❑ ❑
	音読練習	✔ ❑ ❑ ❑
	シャドーイング	✔ ❑ ❑ ❑

応用編	自分の例を作る	✔ ❑ ❑ ❑
	言えるようにする	✔ ❑ ❑ ❑
	実際に使ってみる	✔ ❑ ❑ ❑

□ **Our meetings are always great.**

□ **Everybody tells jokes.**

□ **I don't mind attending such meetings.**

- 私たちの会議はいつも素晴らしいです。
- みんなが冗談を言っています。
- 私はそんな会議なら出席しても構いません。

*expresses themselves freely 自由にものを言う

職業

よく使われる表現

□ **There are too many meetings at my company.**
我が社ではあまりにも会議が多すぎます。

□ **Every Monday morning we have a meeting at seven.**
私たちは毎週月曜日の朝7時に会議を開きます。

□ **We use Skype for meetings.**
私たちは会議にスカイプを用います。

□ **We use English for all our meetings.**
私たちは全ての会議において英語を使います。

□ **My boss keeps talking at our meetings.**
会議では私の上司が話し続けます。

47
Vacations 休暇

- ☐ I have summer and winter vacations.
- ☐ Summer is short, but winter is long.
- ☐ I usually go back to my hometown in winter.

○ 私は夏と冬に休暇があります。
○ 夏は短いですが、冬は長いです。
○ 私はたいてい冬に帰省します。

*travel overseas 海外旅行をする

- ☐ My summer vacation is one week long.
- ☐ I don't go anywhere.
- ☐ It's time to rest and relax.

○ 私の夏休みは1週間の長さです。
○ 私はどこへも行きません。
○ それは休息とリラックスの時間なのです。

*read many books 多くの本を読む

基本編	まずは聴いてみる	✔ ❑ ❑ ❑
	英文と意味をチェック	✔ ❑ ❑ ❑
	音読練習	✔ ❑ ❑ ❑
	シャドーイング	✔ ❑ ❑ ❑

応用編	自分の例を作る	✔ ❑ ❑ ❑
	言えるようにする	✔ ❑ ❑ ❑
	実際に使ってみる	✔ ❑ ❑ ❑

- □ **I never use all my vacation days.**
- □ **Because sometimes I have to work.**
- □ **Anyway, I don't have money to use for vacations.**

○ 私は自分の休暇を全て使い切ったことはありません。
○ なぜなら私はときどき仕事をしなければならないからです。
○ いずれにせよ、私は休暇に使うお金はありません。

*energy エネルギー

職業

よく使われる表現

- □ **I sometimes work on my vacations.**
  私は自分の休暇にときどき仕事をします。
- □ **We get four days off for our summer vacation.**
  私たちは夏休みとして4日休みになります。
- □ **My favorite holiday is Golden Week.**
  私の好きな休暇はゴールデンウィークです。
- □ **I try to go overseas on my vacations.**
  私は休暇には海外に行くようにしています。
- □ **I have nothing to do during my vacations.**
  私は休暇中にやることが何もありません。

48 Business Trips 出張

- □ I sometimes go on business trips.
- □ I don't mind them.
- □ It's a nice change of pace.

○ 私はときどき出張に行きます。
○ 私にとってそれは気になりません。
○ それはペースを変えるいい機会になります。

= travel for my business

- □ Business trips are great.
- □ I can visit many interesting cities.
- □ Also I can eat local foods.

○ 出張は素晴らしいです。
○ 私はいろいろな興味深い町を訪れることができます。
○ また私は地元の食べ物も食べられます。

*buy local goods 地元の商品を買う

基本編		
	まずは聴いてみる	✔ ❑ ❑ ❑
	英文と意味をチェック	✔ ❑ ❑ ❑
	音読練習	✔ ❑ ❑ ❑
	シャドーイング	✔ ❑ ❑ ❑

応用編		
	自分の例を作る	✔ ❑ ❑ ❑
	言えるようにする	✔ ❑ ❑ ❑
	実際に使ってみる	✔ ❑ ❑ ❑

- □ **I hate business trips.**
- □ **Because I need to go with my boss.**
- □ **I don't have any freedom.**

○ 私は出張が嫌いです。
○ なぜなら私は上司と行かなければならないからです。
○ 私には自由は全くありません。

*time to relax のんびりする時間

職業

よく使われる表現

□ **I've never gone on a business trip.**
私は出張に行ったことがありません。

□ **I went to the USA on business.**
私は仕事でアメリカに行きました。

□ **I'm tired of business trips.**
私は出張に飽き飽きしています。

□ **I went on business trips ten times last year.**
昨年私は10回出張に行きました。

□ **I'm looking forward to my next business trip.**
私は次の出張を楽しみにしています。

49

Promotion 昇進

- □ I want to be promoted.
- □ And I'd like to go back to the head office.
- □ Then I can live together with my family.

○ 私は昇進を受けたいです。
○ そして、私は本社に戻りたいです。
○ そうなれば私は家族と一緒に暮らせます。

*do more important work もっと重要な仕事をする

- □ I got two promotions in 10 years.
- □ I don't need any more.
- □ Because I'll have more responsibilities.

○ 私は10年間で2回昇進を受けました。
○ 私にはもうこれ以上必要ありません。
○ なぜなら私はより大きな責任を負うことになるからです。

*paperwork 書類仕事、ペーパーワーク

基本編		
	まずは聴いてみる	✔ ❑ ❑ ❑
	英文と意味をチェック	✔ ❑ ❑ ❑
	音読練習	✔ ❑ ❑ ❑
	シャドーイング	✔ ❑ ❑ ❑

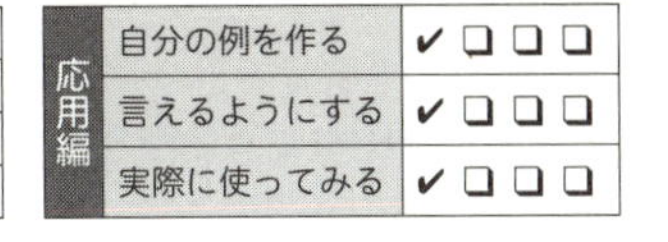

応用編		
	自分の例を作る	✔ ❑ ❑ ❑
	言えるようにする	✔ ❑ ❑ ❑
	実際に使ってみる	✔ ❑ ❑ ❑

□ **It's difficult to get promoted in this company.**

□ **I think I should change companies.**

□ **Otherwise I'll be in the same position forever.**

○ この会社では昇進を受けることは困難です。
○ 私は会社を変わった方がいいと思っています。
○ そうでないと、私は永遠に同じ職位にとどまるでしょう。

*find a new job 新しい職を見つける

よく使われる表現

□ **I'm too young to be promoted.**
昇進をするのには私は若すぎます。

□ **I'd like to be the president someday.**
私はいつか社長になりたいです。

□ **I don't think promotion is everything.**
私は昇進が全てだとは思いません。

□ **I may not be promoted for another five years.**
私はあと5年は昇進をしないかもしれません。

□ **Everybody gets promoted except me.**
私以外の誰もが昇進をしました。

50

Retirement 定年退職

- ☐ The retirement age at my company is 65.
- ☐ But I plan to retire early.
- ☐ Because I want to travel around the world.

- 我が社の定年は65歳です。
- でも私は早期退職する予定です。
- なぜなら私は世界中を旅行したいからです。

*quit the company 会社を辞める

- ☐ I'm still young.
- ☐ I've never thought about my retirement.
- ☐ So I'll keep working.

- 私はまだ若いです。
- 定年のことは考えたこともありません。
- だから私は働き続けます。

*work until the last day 最後の日まで働く

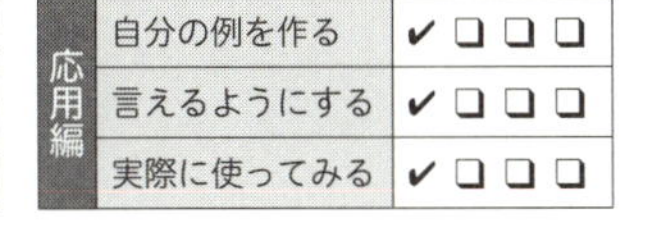

基本編		
	まずは聴いてみる	✔ ❑ ❑ ❑
	英文と意味をチェック	✔ ❑ ❑ ❑
	音読練習	✔ ❑ ❑ ❑
	シャドーイング	✔ ❑ ❑ ❑

- □ **I'm worried about life after retirement.**
- □ **Because I have no hobbies.**
- □ **I think I should find something to do.**

○ 私は定年後の生活を心配しています。
○ なぜなら、私には趣味がありません。
○ 私は何かすることを見つけなければならないと思います。

*find someone to talk with 話し相手を見つける

職業

よく使われる表現

□ **I need to work for five years after retirement.**
私は定年後も5年間働かなければなりません。

□ **I'm looking forward to retiring.**
私は定年退職を楽しみにしています。

□ **I'd like to take it easy after retirement.**
定年退職の後は気楽にやりたいです。

□ **I'm going to retire next year.**
私は来年定年退職する予定です。

□ **I'll keep working until I die.**
私は死ぬまで働き続けます。

英会話３行革命
Chapter 5

Writing & Reading Aloud Training

英作文＆音読トレーニング

1	□ 私は岡田純一郎です。
2	□ みんなからはジュンと呼ばれています。
3	□ それが私のニックネームです。
4	□ 私の名字は高橋です。
5	□ それは「高い橋」を意味しています。
6	□ 日本では大変ありふれた姓です。
7	□ 私の名前は秀喜です。
8	□ 私は有名な野球選手にちなんで名づけられました。
9	□ 私は自分の名前がとても気に入っています。
10	□ 私は54歳です。
11	□ みんなは私のことを年寄りだと言います。
12	□ でも、私は気持ちは若いです。
13	□ 私の誕生日は12月4日です。
14	□ 私は28歳になります。
15	□ 私は30歳になるまでに結婚したいと思っています。
16	□ 私の年齢は秘密です。
17	□ 私は実際の年齢よりも若く見えます。
18	□ あなたは私が何歳だと思いますか。

☐ I'm Junichiro Okada.

☐ Everyone calls me Jun.

☐ It's my nickname.

☐ My last name is Takahashi.

☐ It means "high bridge."

☐ It is a very common name in Japan.

☐ My first name is Hideki.

☐ I was named after a famous baseball player.

☐ I like my name very much.

☐ I'm 54 years old.

☐ People say I'm an old man.

☐ But I feel young.

☐ My birthday is December 4th.

☐ I'll be 28 years old.

☐ I want to get married before 30.

☐ My age is a secret.

☐ I look younger than my age.

☐ Can you guess my age?

19	□ 私はもともとは札幌の出身です。
20	□ 私はそこで育ちました。
21	□ けれども、私はいまは名古屋で暮らしています。
22	□ 豊頃が私の故郷です。
23	□ そこはとても小さな町です。
24	□ 帯広からは車で１時間です。
25	□ 私は大阪で生まれました。
26	□ 私は年に１回そこへ帰ります。
27	□ 私はそこにはまだ何人か友人がいます。
28	□ 私は東京の大学に行きました。
29	□ 私は経済学を勉強しました。
30	□ 私は妻とそのとき出会いました。
31	□ 私は地元の大学を卒業しました。
32	□ それは小さな私立の大学です。
33	□ 私は学生生活を満喫しました。
34	□ 私は仙台の高校に行きました。
35	□ そして私はいまオンライン講座を受講しています。
36	□ 勉強するのは楽しいです。

- ☐ I'm originally from Sapporo.
- ☐ I grew up there.
- ☐ But now I'm living in Nagoya.
- ☐ Toyokoro is my hometown.
- ☐ It's a very small town.
- ☐ It's a one-hour drive from Obihiro.
- ☐ I was born in Osaka.
- ☐ I go back there once a year.
- ☐ I still have a few friends there.
- ☐ I went to a university in Tokyo.
- ☐ I studied economics.
- ☐ I met my wife then.
- ☐ I graduated from a local college.
- ☐ It's a small private college.
- ☐ I enjoyed my student life.
- ☐ I went to a high school in Sendai.
- ☐ And now I'm taking an online course.
- ☐ It's fun to study.

37	□ 私の身長は170cmです。
38	□ 私は日本人男性としては背の低い方ではありません。
39	□ でも私はもう少し背が高くなりたいと思っています。
40	□ 私は少し太っています。
41	□ 私は体重が60kgあります。
42	□ 私は体重を減らしたいです。
43	□ 私は若いときはやせっぽちでした。
44	□ でも私はいまは太りすぎになってきています。
45	□ だから私は食べるものに気をつけています。
46	□ 私は明るい性格です。
47	□ 私は人には親切にすることを心がけています。
48	□ 私は人が幸せそうにしているのを見るのが好きです。
49	□ 私はのんきな性質です。
50	□ 私は一生懸命働くのが好きではありません。
51	□ 私は家でのんびりしているのが好きです。
52	□ 私はユーモアのセンスがあります。
53	□ 私はいつも面白い冗談を言おうとしています。
54	□ 私は自分はコメディアンだと思います。

- ☐ I'm 170 cm tall.
- ☐ I'm not short for a Japanese man.
- ☐ But I want to be a little taller.
- ☐ I'm a little fat.
- ☐ I weigh 60 kg.
- ☐ I want to lose weight.
- ☐ I was skinny when I was young.
- ☐ But now I'm getting overweight.
- ☐ So I'm careful about what I eat.
- ☐ I'm cheerful.
- ☐ I try to be nice to others.
- ☐ I like to see people happy.
- ☐ I'm easygoing.
- ☐ I don't like to work hard.
- ☐ I like to relax at home.
- ☐ I have a good sense of humor.
- ☐ I always try to tell funny jokes.
- ☐ I think I am a comedian.

55	□ 私は健康です。
56	□ 私は病院へ行くことなどありません。
57	□ 私は自分は幸運だと思います。
58	□ 私はときどき具合が悪くなります。
59	□ 私はたいていは腹痛がします。
60	□ だから私はあまりたくさん食べられません。
61	□ 私はもっと健康になりたいです。
62	□ だから私は自然食品を食べています。
63	□ それに私は定期的に運動をしています。
64	□ 私の夢はアメリカに行くことです。
65	□ 私はニューヨークへ行ってみたいのです。
66	□ なぜならそこには素敵なジャズクラブがあるからです。
67	□ 私は国際ボランティアになりたいです。
68	□ なぜなら私は貧しい人々を助けたいからです。
69	□ それが私の人生の目標です。
70	□ マイホームを所有することが私の夢です。
71	□ 私はいまは小さなアパートに住んでいます。
72	□ 自分の部屋を持つのは素敵なことでしょう。

- ☐ I'm healthy.
- ☐ I never go to the hospital.
- ☐ I think I'm lucky.
- ☐ I sometimes get sick.
- ☐ I usually have a stomachache.
- ☐ So I can't eat much.
- ☐ I want to be healthier.
- ☐ So I eat natural food.
- ☐ And I exercise regularly.
- ☐ My dream is to go to America.
- ☐ I want to visit New York.
- ☐ Because there are nice jazz clubs there.
- ☐ I want to be an international volunteer.
- ☐ Because I want to help the poor.
- ☐ That is my goal in life.
- ☐ Having my own home is my dream.
- ☐ Now I am living in a small apartment.
- ☐ It'll be nice to have my own room.

73	□ 私は20年前に結婚しました。
74	□ 私の妻は九州出身です。
75	□ 私たちは東京で出会いました。
76	□ 私たちの結婚生活は素晴らしいものです。
77	□ 私たちには子供が2人います。
78	□ 私たちは今年新しい家を買いました。
79	□ 私はいまは独身です。
80	□ 私は自分の暮らし方を楽しんでいます。
81	□ なぜなら私には自由がたくさんあるからです。
82	□ 我が家は4人家族です。
83	□ 妻、子供が2人、そして私です。
84	□ 息子は10歳で娘は8歳です。
85	□ 家族は私にとって大切です。
86	□ 私は家族のために働いています。
87	□ 私は家族のために生きています。
88	□ 私の両親は東京に住んでいます。
89	□ 私の父はまだ銀行に勤めています。
90	□ 私の父は59歳です。

- ☐ I got married 20 years ago.
- ☐ My wife is from Kyushu.
- ☐ We met in Tokyo.
- ☐ Our married life is wonderful.
- ☐ We have two children.
- ☐ We bought a new house this year.
- ☐ I'm single now.
- ☐ I enjoy my lifestyle.
- ☐ Because I have a lot of freedom.
- ☐ There are four people in my family.
- ☐ They are my wife, two children and me.
- ☐ My son is ten and my daughter is eight.
- ☐ Family is important to me.
- ☐ I work for them.
- ☐ I live for them.
- ☐ My parents are living in Tokyo.
- ☐ My father is still working at a bank.
- ☐ He is 59 years old.

91	□ 私の妻はとてもいい人です。
92	□ 私たちは10年前に結婚しました。
93	□ 私は彼女と居られて幸せです。
94	□ 私の夫はいつも忙しいです。
95	□ 彼は家ではあまり話をしません。
96	□ 私はときどきさびしくなります。
97	□ 私は自分たちは完璧な夫婦だと思います。
98	□ 私たちはいろいろなことを一緒にやります。
99	□ そして私たちはどんなことでも話せます。
100	□ 私は猫を飼っています。
101	□ 小さくてかわいいです。
102	□ いつでも私の膝に乗ります。
103	□ 私の犬はおとなしいです。
104	□ 吠えることはありません。
105	□ ときどき猫を追いかけます。
106	□ 私は亀を飼っています。
107	□ 亀を眺めるのはおもしろいです。
108	□ 私はもう一匹亀を飼いたいと思っています。

- ☐ My wife is nice.
- ☐ We got married ten years ago.
- ☐ I am happy with her.
- ☐ My husband is always busy.
- ☐ He doesn't talk much at home.
- ☐ I sometimes feel lonely.
- ☐ I think we are a perfect couple.
- ☐ We do a lot together.
- ☐ And we can talk about anything.
- ☐ I have a cat.
- ☐ She's small and cute.
- ☐ She always sits in my lap.
- ☐ My dog is quiet.
- ☐ He never barks.
- ☐ He sometimes chases cats.
- ☐ I'm raising a turtle.
- ☐ It's interesting to watch.
- ☐ I want to have another one.

109	□ 私は普段はスーツを着ています。
110	□ 私は会社員ですから。
111	□ でも私はジーンズをはくのも好きです。
112	□ 私はファッションに関心があります。
113	□ 私は数多くの多様な服を持っています。
114	□ 私は自分のお金のほとんどを服に使います。
115	□ 私はファッションには興味はありません。
116	□ だから私は同じ服を着ています。
117	□ でも私は時には新しい服も買います。
118	□ 私は料理をするのが好きです。
119	□ 私の得意料理はカレーライスです。
120	□ とても美味しいですよ。
121	□ 私は1日3食とも料理をしています。
122	□ 料理をするのは大丈夫です。
123	□ でも私は皿を洗うのが嫌いです。
124	□ 私はすしの作り方を学びたいです。
125	□ 私はそれが難しいことはわかっています。
126	□ でももしできるようになったら、私は人気者になれます。

- ☐ I usually wear suits.
- ☐ Because I'm an office worker.
- ☐ But I like to wear jeans.
- ☐ I'm interested in fashion.
- ☐ I have many different clothes.
- ☐ I spend most of my money on clothes.
- ☐ I don't care about fashion.
- ☐ So I wear the same clothes.
- ☐ But sometimes I buy new clothes.
- ☐ I enjoy cooking.
- ☐ My specialty is curry and rice.
- ☐ It's very delicious.
- ☐ I cook three meals a day.
- ☐ Cooking is OK.
- ☐ But I hate washing dishes.
- ☐ I want to learn how to make sushi.
- ☐ I know it's difficult.
- ☐ But I can become popular if I do.

127	□ 私はたいていはカジュアルなレストランに行きます。
128	□ そうしたところの値段はそれほど高くありません。
129	□ 私は勘定のことを心配せずに済みます。
130	□ フレンチレストランは値段が高いです。
131	□ でも時にはフランス料理のディナーを食べるのもいいものです。
132	□ 私は良いフレンチレストランを知っています。
133	□ 私たちの町では毎年新しいレストランが開店します。
134	□ 私はそのすべてに行くようにしています。
135	□ おいしいところもありますし、まあまあといったところもあります。
136	□ 私はコーヒーが大好きです。
137	□ 私は朝まず最初にコーヒーを飲みます。
138	□ 私は１日に３杯ほど飲みます。
139	□ 私はコーヒーにはいつも牛乳を入れて飲みます。
140	□ 近頃はカフェラテが私のお気に入りです。
141	□ 私はホットもアイスも好きです。
142	□ 私はときどきコーヒー店に行きます。
143	□ 私はアメリカのチェーンのコーヒーショップが好きです。
144	□ おいしいコーヒーと良い音楽があるからです。

Track 58

- ☐ I usually go to casual restaurants.
- ☐ Their prices are reasonable.
- ☐ I don't have to worry about the bill.
- ☐ French restaurants are expensive.
- ☐ But it's nice to have a French dinner sometimes.
- ☐ I know a nice French restaurant.
- ☐ Every year we have new restaurants in our city.
- ☐ I try to visit them all.
- ☐ Some are good and some are so-so.
- ☐ I like coffee very much.
- ☐ I drink it first thing in the morning.
- ☐ I drink about three cups a day.
- ☐ I always drink coffee with milk.
- ☐ Nowadays cafe latte is my favorite.
- ☐ I like it both hot and cold.
- ☐ I sometimes go to a coffee shop.
- ☐ I like American chain coffee shops.
- ☐ They have good coffee and music.

145	□ いま私たちは新しい家に住んでいます。
146	□ それは結構広い家です。
147	□ それはとても住み心地がいいです。
148	□ 私は以前はアパートに住んでいました。
149	□ それは良いところでしたが、繁華街から遠かったのです。
150	□ だから私はいまのところに引っ越してきました。
151	□ マイホームを持つのはいいことです。
152	□ でもとてもお金がかかります。
153	□ 私はローンを返済するのに20年かかります。
154	□ 私は何人かの親しい友人がいます。
155	□ みんなとてもいい人たちです。
156	□ 私は彼らといるととてもいい気分になります。
157	□ 私はレストランへはたいてい友人たちと一緒に行きます。
158	□ 一緒に食事をしたり話したりするのは楽しいです。
159	□ 私は時には彼らとコンサートへ行きます。
160	□ 良い友人を持つことはとても大切です。
161	□ でも友達を作ることは時に難しいです。
162	□ だから私はテニスクラブに加入してよかったです。

- ☐ Now we live in a new house.
- ☐ It's a rather large house.
- ☐ It's very comfortable.
- ☐ I used to live in an apartment.
- ☐ It was nice, but far from downtown.
- ☐ So I moved to my present one.
- ☐ To own a house is nice.
- ☐ But it's very expensive.
- ☐ I'll need 20 years to pay off the loan.
- ☐ I have some close friends.
- ☐ They are very nice people.
- ☐ I feel great when I'm with them.
- ☐ I usually go to a restaurant with my friends.
- ☐ It's fun to eat and talk together.
- ☐ Sometimes I go to a concert with them.
- ☐ Having good friends is very important.
- ☐ But sometimes it's hard to make friends.
- ☐ So I'm happy that I joined the tennis club.

163	□ 私はスマートフォンなしでは生きられません。
164	□ 私は電話をかけるのにそれを使います。
165	□ またウェブサイトをチェックするのにも便利です。
166	□ スマートフォンを所有するのはお金がかかるとみんなは言います。
167	□ でも私はそうは思いません。
168	□ それはいろいろな便利さを与えてくれます。
169	□ 私のスマートフォンは少し古くなりました。
170	□ だから私は新しいのを買いたいと思っています。
171	□ そちらの方が安いでしょう。
172	□ 私はいつも11時に寝ます。
173	□ そして私は6時に起きます。
174	□ だから私は7時間睡眠を取っていることになります。
175	□ 私はよく眠ることができません。
176	□ たぶん私は夜にコンピューターを使いすぎているのです。
177	□ 私は朝はいつも眠いです。
178	□ 私は週末はたっぷり眠ります。
179	□ 私はときどき昼寝をします。
180	□ 私は眠ることは大切だと思います。

- □ I can't live without my smartphone.
- □ I use it to call people.
- □ Also it's convenient to check websites.
- □ People say it's expensive to have a smartphone.
- □ But I don't think so.
- □ It provides me with many conveniences.
- □ My smartphone is a little old.
- □ So I want to buy a new one.
- □ It'll be cheaper.
- □ I always go to bed at eleven.
- □ And I get up at six.
- □ So I get seven hours of sleep.
- □ I can't sleep well.
- □ Maybe I use a computer too much at night.
- □ I always feel sleepy in the morning.
- □ I sleep a lot on weekends.
- □ Sometimes I take naps.
- □ I think sleeping is important.

181	□ 私は買い物が好きです。
182	□ 私は日曜日にはショッピングモールに行きます。
183	□ 私はときどき買いすぎてしまいます。
184	□ 私は洋服店を見て回るのが好きです。
185	□ なぜなら私はファッションに興味があるからです。
186	□ 私の気に入った服はいつも高価です。
187	□ 私たちの町には大きなショッピングモールがあります。
188	□ 私たちは何でも買うことができます。
189	□ 問題は私があまりお金を持っていないということです。
190	□ 私は金持ちではありません。
191	□ でも私はお金のことを心配したことはありません。
192	□ なぜなら私はそれほど使わないからです。
193	□ 私はいつもお金の問題を抱えています。
194	□ 私は銀行のローンをいっぱい抱えているのです。
195	□ 人生はつらいです。
196	□ 私はいくらかのお金を貯金することができます。
197	□ でもそれは十分ではありません。
198	□ 私はヨーロッパ旅行をするのにもっと必要なのです。

- ☐ I like shopping.
- ☐ I go to the mall on Sunday.
- ☐ I sometimes buy too much.
- ☐ I like to check out clothes shops.
- ☐ Because I am interested in fashion.
- ☐ My favorite clothes are always expensive.
- ☐ Our city has a big shopping mall.
- ☐ We can buy anything.
- ☐ The problem is I don't have much money.
- ☐ I'm not a rich man.
- ☐ But I have never worried about money.
- ☐ Because I don't spend so much.
- ☐ I always have money problems.
- ☐ I have lots of bank loans.
- ☐ Life is tough.
- ☐ I can save some money.
- ☐ But that's not enough.
- ☐ I need more for a trip to Europe.

199	□ 私は週末にやることがたくさんあります。
200	□ 例えば、テニス、ジョギング、その他いろいろです。
201	□ 私は週末にもっと時間が必要です。
202	□ 私は週末はたいてい家にいます。
203	□ なぜなら私は家事をやる必要があるからです。
204	□ それに私の家族のために料理をしなければなりません。
205	□ 私は週末はどこかに出かけるのが好きです。
206	□ 夏には海辺が一番です。
207	□ そして冬は私はカーリングをしに行きます。
208	□ 私は５時に起きます。
209	□ 私は公園を１時間ジョギングします。
210	□ 私は７時に仕事に出かけます。
211	□ 私は９時から５時まで仕事をします。
212	□ 私はときには残業をしなければなりません。
213	□ 私は家には８時に戻ります。
214	□ 夕食の後、私はテレビか DVD を見ます。
215	□ 私は家でのんびりするのが好きです。
216	□ 私はたいてい11時ごろに寝ます。

- ☐ I have many things to do on the weekends.
- ☐ For example, playing tennis, jogging, and other things.
- ☐ I need more time on the weekends.
- ☐ I usually stay at home on the weekends.
- ☐ Because I need to do some housework.
- ☐ Also I need to cook for my family.
- ☐ I like to go somewhere on the weekends.
- ☐ In summer the seaside is the best.
- ☐ And in winter I go curling.
- ☐ I get up at five.
- ☐ I jog in the park for an hour.
- ☐ I leave for work at seven.
- ☐ I work from nine to five.
- ☐ Sometimes I need to work overtime.
- ☐ I come back home at eight.
- ☐ After dinner I watch TV or DVDs.
- ☐ I like to relax at home.
- ☐ I usually go to bed around eleven.

217	□ 私の好きな季節は冬です。
218	□ 町は雪でとてもロマンチックになります。
219	□ でも私は雪かきは嫌いです。
220	□ 夏はわくわくします。
221	□ 私は家族と泳ぎに行くのが好きです。
222	□ けれども、時には暑すぎて眠れません。
223	□ 秋には紅葉がきれいです。
224	□ ロマンチックな季節です。
225	□ でもたいてい秋は短すぎます。
226	□ 私は中学校で英語の勉強を始めました。
227	□ 私はあまり英語が得意な生徒ではありませんでした。
228	□ でも私は英語を話すのは好きでした。
229	□ 英語をしゃべるのは楽しいです。
230	□ 私は外国人と話す機会がよくあります。
231	□ 私は英語がもっとうまくしゃべれるようになりたいと思っています。
232	□ いま私は週に１回英語学校に通っています。
233	□ 私の英語の先生はカナダ出身です。
234	□ 彼は私たちに自分の国のことをいろいろ話してくれます。

- ☐ My favorite season is winter.
- ☐ Snow makes the town very romantic.
- ☐ But I hate shoveling snow.
- ☐ Summer is exciting.
- ☐ I like to go swimming with my family.
- ☐ But sometimes it's too hot to sleep.
- ☐ The red leaves are beautiful in fall.
- ☐ It is a romantic season.
- ☐ But usually the fall is too short.
- ☐ I started studying English in junior high school.
- ☐ I was not a good student.
- ☐ But I liked to speak English.
- ☐ Speaking in English is fun.
- ☐ I often have a chance to speak with foreigners.
- ☐ I want to be a better English speaker.
- ☐ Now I go to an English school once a week.
- ☐ My English teacher is from Canada.
- ☐ He tells us a lot about his country.

235	□ 私は音楽を聴くのが大好きです。
236	□ 私は特にジャズが好きです。
237	□ 私の好きなジャズミュージシャンはステイシー・カーターです。
238	□ 私はときどきコンサートに行きます。
239	□ 生の音楽は最高です。
240	□ けれども屋外コンサートは好きではありません。
241	□ 私は若いころギターを弾いていました。
242	□ 私はあまり上手ではありませんでした。
243	□ 私はまた練習を始めたいと思っています。
244	□ 私は日本の古い町が好きです。
245	□ 京都はいいところです。
246	□ でも私は金沢の方が好きです。
247	□ 私は海外旅行が大好きです。
248	□ ヨーロッパやアメリカ合衆国に行ったことがあります。
249	□ 次はアジアの国に行きたいです。
250	□ バスは安上がりな旅行手段です。
251	□ でも私は列車の方が好きです。
252	□ もちろん、必要があれば飛行機にも乗ります。

- ☐ I like to listen to music very much.
- ☐ I especially like jazz.
- ☐ My favorite jazz musician is Stacy Carter.
- ☐ I sometimes go to concerts.
- ☐ Live music is great.
- ☐ But I don't like outdoor concerts.
- ☐ I played the guitar when I was young.
- ☐ I wasn't very good.
- ☐ I want to start practicing it again.
- ☐ I like old Japanese cities.
- ☐ Kyoto is nice.
- ☐ But I like Kanazawa better.
- ☐ I like traveling overseas very much.
- ☐ I've been to Europe and the United States.
- ☐ I'd like to go to Asian countries next.
- ☐ Buses are a cheap way to travel.
- ☐ But I prefer trains.
- ☐ Of course, I fly when necessary.

253	□ 私は良いカメラを持っています。
254	□ 私は毎週どこかへ写真を撮りに行きます。
255	□ 私は風景に興味があります。
256	□ 写真撮影は素晴らしいです。
257	□ リラックスするための良い方法です。
258	□ また自分の住む地域をよりよく知ることもできます。
259	□ 私はよく写真展を見に行きます。
260	□ なぜなら良い写真からはたくさんのことを学べるからです。
261	□ 数多くの優れた写真家がいます。
262	□ 私はコンピューターが得意です。
263	□ 私は大学生の時に使い方を教わりました。
264	□ コンピューターは偉大な発明です。
265	□ 私は４年間このコンピューターを使っています。
266	□ ABCカンパニーは良いものを作っています。
267	□ 私はいつも彼らの新製品を楽しみにしています。
268	□ 私は新しいコンピューターを買いたいです。
269	□ 私はビジネス用に軽いものが必要なのです。
270	□ 恐らく小型のタブレットで大丈夫でしょう。

- ☐ I have a nice camera.
- ☐ Every week I go somewhere to take photos.
- ☐ I'm interested in landscapes.
- ☐ Photography is great.
- ☐ It's a nice way to relax.
- ☐ Also you can get to know your area better.
- ☐ I often go to see photos at exhibitions.
- ☐ Because I can learn a lot from nice photos.
- ☐ There are many good photographers.
- ☐ I'm good at computers.
- ☐ I learned to use them when I was a college student.
- ☐ Computers are a great invention.
- ☐ I've used this computer for four years.
- ☐ ABC Company makes great stuff.
- ☐ I'm always looking forward to their new products.
- ☐ I want to buy a new computer.
- ☐ I need something light for business.
- ☐ Maybe a small tablet would be fine.

271	□ 私はテレビを見るのが大好きです。
272	□ 私は毎朝、そして毎晩テレビを見ます。
273	□ 私はテレビなしの生活など考えられません。
274	□ 私は特にクイズ番組が好きです。
275	□ 面白いですから。
276	□ もちろん私はときどき飽きることもあります。
277	□ ニュース番組は最高です。
278	□ 私はニュースの大部分はテレビで知ります。
279	□ 私は毎日深夜のニュース番組を見ます。
280	□ 私は温泉に行くのが好きです。
281	□ 私が好きな温泉地は別府です。
282	□ 私は2度行ったことがあります。
283	□ 私は露天風呂が好きです。
284	□ 冬には大変人気があります。
285	□ 風呂上りのビールは最高です。
286	□ 日本には数多くの温泉があります。
287	□ 私はすべてを訪れてみたいと思います。
288	□ それが私の夢です。

- □ I like watching TV very much.
- □ I watch TV every morning and every night.
- □ I can't think of life without TV.
- □ I especially like quiz shows.
- □ They are fun.
- □ Of course, I sometimes get bored.
- □ News programs are great.
- □ I get most of my news from TV.
- □ I watch a late night news program every day.
- □ I like to go to hot springs.
- □ My favorite hot spring resort is Beppu.
- □ I have been there twice.
- □ I like outdoor baths.
- □ They're very popular in winter.
- □ Beer after a bath is just great.
- □ There are many hot springs in Japan.
- □ I'd like to visit them all.
- □ It's my dream.

289	□ 私はほぼ毎晩お酒を飲みます。
290	□ 好きな酒はビールです。
291	□ でも私はときにはワインも飲みます。
292	□ アルコールはバーで飲むと高すぎます。
293	□ だから私は家で飲みます。
294	□ リラックスする良い方法です。
295	□ 私は以前はたくさん酒を飲んでいました。
296	□ でも私はいまは付き合いで飲むだけです。
297	□ 私は一人で飲むことはありません。
298	□ 私は映画を見るのが好きです。
299	□ でも私は映画館へはあまり頻繁には行きません。
300	□ 私はたいてい家でDVDを見ます。
301	□ 私の好きな映画は恋愛映画です。
302	□ ミステリーやドラマもまあまあ好きです。
303	□ でも私はコメディは好きではありません。
304	□ 私の好きな俳優はデイビッド・ウォーカーです。
305	□ 彼はアメリカで大変人気があります。
306	□ 彼の映画はほとんど見ています。

- ☐ I drink almost every night.
- ☐ My favorite drink is beer.
- ☐ But sometimes I drink wine, too.
- ☐ Alcohol is too expensive at bars.
- ☐ So I drink at home.
- ☐ It's a nice way to relax.
- ☐ I used to drink a lot.
- ☐ But now I'm a social drinker.
- ☐ I never drink alone.
- ☐ I like to watch movies.
- ☐ But I don't go to a movie theater very often.
- ☐ Usually I watch DVDs at home.
- ☐ My favorite movies are love stories.
- ☐ Mysteries and dramas are OK.
- ☐ But I don't like comedies.
- ☐ My favorite actor is David Walker.
- ☐ He is very popular in America.
- ☐ I have watched most of his movies.

307	□ 私は小説を読むのが好きです。
308	□ 私の好きな小説家は澤田信次です。
309	□ 彼は素晴らしい作家だと思います。
310	□ 私は電車の中で読書をします。
311	□ 私は近頃はスマートフォンを使います。
312	□ だから私は本を持ち運ぶ必要がありません。
313	□ 私はかつては本屋さんに行きました。
314	□ でも私はいまは本はネットで買います。
315	□ とても便利です。
316	□ 私は新車を買いました。
317	□ とても経済的な車です。
318	□ 私は毎週末ドライブに出かけています。
319	□ 私は慎重なドライバーです。
320	□ 私は事故に遭ったことはありません。
321	□ でも私は一度スピード違反で切符を切られました。
322	□ 私は車を持っていません。
323	□ 車を所有するのにお金がかかりすぎるからです。
324	□ だから私は公共交通機関を使います。

- ☐ I like reading novels.
- ☐ My favorite novelist is Shinji Sawada.
- ☐ I think he's a great writer.
- ☐ I read on the train.
- ☐ Nowadays I use my smartphone.
- ☐ So I don't have to carry a book.
- ☐ I used to go to bookstores.
- ☐ But now I buy books on the Net.
- ☐ It's very convenient.
- ☐ I got a new car.
- ☐ It's a very economical car.
- ☐ I go driving every weekend.
- ☐ I'm a careful driver.
- ☐ I've never had an accident.
- ☐ But once I got a ticket for speeding.
- ☐ I don't have a car.
- ☐ Because it's expensive to have one.
- ☐ So I use public transportation.

325	□ マンガを読むのが私の趣味です。
326	□ 日本のマンガは素晴らしいです。
327	□ 私は特にスポーツマンガが好きです。
328	□ 私は定期的にマンガを買っています。
329	□ だから私はアパートにいっぱい持っています。
330	□ もちろん私はそれらを全て読みました。
331	□ 私はマンガの本は買いません。
332	□ 私はたいてい借ります。
333	□ また私はときどきマンガ喫茶で読んだりします。
334	□ 私は全てのスポーツの中で野球が一番好きです。
335	□ 私のお気に入りのチームはジャイアンツです。
336	□ 私は年に１回試合を見に行きます。
337	□ 私は若いころ野球をやっていました。
338	□ でも私はいまはもうやっていません。
339	□ ハードなスポーツですから。
340	□ 私はときどきアメリカの野球の試合を見ます。
341	□ たくさんの日本人選手がプレーしているからです。
342	□ 私は中田昌広のファンです。

- ☐ Reading comics is my hobby.
- ☐ Japanese comics are great.
- ☐ I especially like sports stories.
- ☐ I buy comic books regularly.
- ☐ So I have many in my apartment.
- ☐ Of course, I read them all.
- ☐ I don't buy comic books.
- ☐ I usually rent them.
- ☐ Also I sometimes read them at manga cafes.
- ☐ I like baseball the best of all sports.
- ☐ My favorite team is the Giants.
- ☐ I go to see a game once a year.
- ☐ I played baseball when I was young.
- ☐ But I don't play anymore.
- ☐ It's a hard sport.
- ☐ I sometimes watch American baseball games.
- ☐ Because many Japanese are playing.
- ☐ I'm a fan of Masahiro Nakata.

343	□ 私はサッカークラブに所属しています。
344	□ 私たちは週に2回練習しています。
345	□ サッカーは素晴らしいチームスポーツです。
346	□ 私はサッカーの試合をテレビで見るのが好きです。
347	□ 私は特に国際試合が好きです。
348	□ 私は日本にいつかワールドカップで優勝してほしいです。
349	□ サッカーのルールのいくつかは理解が難しいです。
350	□ それからサッカーの試合は長すぎます。
351	□ だから私はテレビのスポーツニュースを見ます。
352	□ 私は大阪の建設会社で働いています。
353	□ 大きな会社です。
354	□ 日本に10の支社があります。
355	□ 我が社は1970年に創業しました。
356	□ 農業機械を製造しています。
357	□ 資本金は2億円です。
358	□ 我が社には約400人が働いています。
359	□ 年間売上高は約100億円です。
360	□ 我が社は急成長をしています。

- ☐ I belong to a soccer club.
- ☐ We practice twice a week.
- ☐ It's a great team sport.
- ☐ I like to watch soccer games on TV.
- ☐ I especially like international games.
- ☐ I hope Japan wins the World Cup someday.
- ☐ Some soccer rules are difficult to understand.
- ☐ And the games are too long.
- ☐ So I watch the sports news on TV.
- ☐ I work for a construction company in Osaka.
- ☐ It's a big company.
- ☐ We have ten branch offices in Japan.
- ☐ Our company was founded in 1970.
- ☐ It produces agricultural machines.
- ☐ It has 200 million yen in capital.
- ☐ About 400 people are working for our company.
- ☐ Annual sales are about ten billion yen.
- ☐ It's growing fast.

361	□ 私はエンジニアです。
362	□ それはいい仕事です。
363	□ ときどき私は海外に行かなければなりません。
364	□ 私はホテルの受付係として働いています。
365	□ 私はその仕事がとても気に入っています。
366	□ なぜなら私がたくさんの面白い人たちに会えるからです。
367	□ 私は事務員でした。
368	□ でも私はその仕事が好きではありませんでした。
369	□ だから私は辞めました。
370	□ 私は車で仕事に通っています。
371	□ ほんの15分の運転です。
372	□ 私は毎朝最高のラジオ番組を楽しんでいます。
373	□ 私は電車で通勤しています。
374	□ いつも混雑しています。
375	□ でも速くて安いのです。
376	□ 私は通勤は好きではありません。
377	□ なぜなら私は家を5時に出なければならないからです。
378	□ それから私は電車を3回も乗り換えなければなりません。

- ☐ I'm an engineer.
- ☐ It's a good job.
- ☐ Sometimes I need to go overseas.
- ☐ I work as a hotel receptionist.
- ☐ I like the job very much.
- ☐ Because I can meet many interesting people.
- ☐ I was an office worker.
- ☐ But I didn't like my job.
- ☐ So I quit.
- ☐ I drive to work.
- ☐ It's just a 15-minute drive.
- ☐ I enjoy a great radio program every morning.
- ☐ I take the train to work.
- ☐ It's always crowded.
- ☐ But it's fast and cheap.
- ☐ I don't like commuting.
- ☐ Because I have to leave my house at five.
- ☐ And I need to change trains three times.

379 □ 私は月に約25万円を受け取っています。

380 □ 私の年齢では平均的な額だと思います。

381 □ もちろん私はもっと欲しいです。

382 □ 私は自分の給料に満足しています。

383 □ 私はいまは経済が良くないことはわかっています。

384 □ もっと一生懸命頑張るだけです。

385 □ 私の給料はかなり低いです。

386 □ それからボーナスもありません。

387 □ 私はどうすればよいのかわかりません。

388 □ 私は同僚がいい人たちで幸運です。

389 □ 彼らは楽しく、力になってくれます。

390 □ 私たちは仕事でも仕事の後でも一緒になります。

391 □ 私の同僚のほとんどはまあまあいい人です。

392 □ でも私は何人かには我慢ができません。

393 □ とにかく、人生はそんなものですね。

394 □ 私は同僚と飲みに行きます。

395 □ 彼らと居るととても楽しいです。

396 □ 私たちはときどき飲みすぎてしまいます。

- □ I get about 250,000 yen a month.
- □ I think it's average for my age.
- □ Of course, I want more.
- □ I'm satisfied with my salary.
- □ I know the economy is not good now.
- □ I'll just try harder.
- □ My salary is pretty low.
- □ And there's no bonus.
- □ I don't know what to do.
- □ I'm lucky to have nice co-workers.
- □ They're fun and helpful.
- □ We meet at work and after work.
- □ Most of my co-workers are OK.
- □ But I can't stand some of them.
- □ Anyway, that's life.
- □ I go drinking with my co-workers.
- □ It's really fun to be with them.
- □ Sometimes we drink too much.

397	□ 私は9時から5時まで働いています。
398	□ 昼休みは1時間です。
399	□ 私は一週間に2日休みがあります。
400	□ 私は残業をしなければなりません。
401	□ 私は時には休日を全く取れないときもあります。
402	□ 私はもっと自由な時間が欲しいです。
403	□ 私は長時間働くのは構いません。
404	□ 残業代をいくらかもらうのはいいものです。
405	□ 夜勤でも私は大丈夫です。
406	□ 私たちは毎日会議を開きます。
407	□ たいてい夜遅くまで続きます。
408	□ 私は会議は嫌いです。
409	□ ときどき会議は必要です。
410	□ 私たちは良い議論ができます。
411	□ 他の意見を知ることは重要です。
412	□ 私たちの会議はいつも素晴らしいです。
413	□ みんなが冗談を言っています。
414	□ 私はそんな会議なら出席しても構いません。

Track 73

- □ I work from nine to five.
- □ Lunch break is one hour.
- □ I have two days off a week.
- □ I have to work overtime.
- □ Sometimes I don't have any day off.
- □ I'd like to have more free time.
- □ I don't mind working long hours.
- □ It's nice to have some extra pay.
- □ Even a night shift is OK with me.
- □ Every day we have a meeting.
- □ It usually lasts until late at night.
- □ I hate meetings.
- □ Sometimes meetings are necessary.
- □ We can have good discussions.
- □ It's important to know other opinions.
- □ Our meetings are always great.
- □ Everybody tells jokes.
- □ I don't mind attending such meetings.

415	□ 私は夏と冬に休暇があります。
416	□ 夏は短いですが、冬は長いです。
417	□ 私はたいてい冬に帰省します。
418	□ 私の夏休みは1週間の長さです。
419	□ 私はどこへも行きません。
420	□ それは休息とリラックスの時間なのです。
421	□ 私は自分の休暇を全て使い切ったことはありません。
422	□ なぜなら私はときどき仕事をしなければならないからです。
423	□ いずれにせよ、私は休暇に使うお金はありません。
424	□ 私はときどき出張に行きます。
425	□ 私にとってそれは気になりません。
426	□ それはペースを変えるいい機会になります。
427	□ 出張は素晴らしいです。
428	□ 私はいろいろな興味深い町を訪れることができます。
429	□ また私は地元の食べ物も食べられます。
430	□ 私は出張が嫌いです。
431	□ なぜなら私は上司と行かなければならないからです。
432	□ 私には自由は全くありません。

- ☐ I have summer and winter vacations.
- ☐ Summer is short, but winter is long.
- ☐ I usually go back to my hometown in winter.
- ☐ My summer vacation is one week long.
- ☐ I don't go anywhere.
- ☐ It's time to rest and relax.
- ☐ I never use all my vacation days.
- ☐ Because sometimes I have to work.
- ☐ Anyway, I don't have money to use for vacations.
- ☐ I sometimes go on business trips.
- ☐ I don't mind them.
- ☐ It's a nice change of pace.
- ☐ Business trips are great.
- ☐ I can visit many interesting cities.
- ☐ Also I can eat local foods.
- ☐ I hate business trips.
- ☐ Because I need to go with my boss.
- ☐ I don't have any freedom.

433	□ 私は昇進を受けたいです。
434	□ そして、私は本社に戻りたいです。
435	□ そうなれば私は家族と一緒に暮らせます。
436	□ 私は10年間で2回昇進を受けました。
437	□ 私にはもうこれ以上必要ありません。
438	□ なぜなら私はより大きな責任を負うことになるからです。
439	□ この会社では昇進を受けることは困難です。
440	□ 私は会社を変わった方がいいと思っています。
441	□ そうでないと、私は永遠に同じ職位にとどまるでしょう。
442	□ 我が社の定年は65歳です。
443	□ でも私は早期退職する予定です。
444	□ なぜなら私は世界中を旅行したいからです。
445	□ 私はまだ若いです。
446	□ 定年のことは考えたこともありません。
447	□ だから私は働き続けます。
448	□ 私は定年後の生活を心配しています。
449	□ なぜなら、私には趣味がありません。
450	□ 私は何かすることを見つけなければならないと思います。

- ☐ I want to be promoted.
- ☐ And I'd like to go back to the head office.
- ☐ Then I can live together with my family.
- ☐ I got two promotions in 10 years.
- ☐ I don't need any more.
- ☐ Because I'll have more responsibilities.
- ☐ It's difficult to get promoted in this company.
- ☐ I think I should change companies.
- ☐ Otherwise I'll be in the same position forever.
- ☐ The retirement age at my company is 65.
- ☐ But I plan to retire early.
- ☐ Because I want to travel around the world.
- ☐ I'm still young.
- ☐ I've never thought about my retirement.
- ☐ So I'll keep working.
- ☐ I'm worried about life after retirement.
- ☐ Because I have no hobbies.
- ☐ I think I should find something to do.

付属 CD-ROM について

本書に付属の CD-ROM に収録されている音声は、パソコンや携帯音楽プレーヤーなどで再生することができる MP3ファイル形式です。

一般的な音楽CDプレーヤーでは再生できませんので、ご注意ください。

■音声ファイルについて

付属の CD-ROM は、本書の Chapter 1～4の英文パートの音声に加えて、Chapter 5は英作文＆音読トレーニング用に「日本語＞ポーズ＞英文＞ポーズ」の順に読み上げた音声が収録されています。

■ファイルの利用方法について

CD-ROM をパソコンの CD/DVD ドライブに入れて、iTunes や x-アプリなどの音楽再生（管理）ソフトに CD-ROM 上の音声ファイルを取り込んでご利用ください。

■音楽再生・管理ソフトへの取り込みについて

パソコンに MP3形式の音声ファイルを再生できるアプリケーションがインストールされていることをご確認ください。

オーディオCD と異なり、CD-ROMはパソコンの CD/DVD ドライブに入れても、多くの場合音楽再生ソフトが自動的に起動しません。ご自分でアプリケーションを直接起動して、「ファイル」メニューから「ライブラリに追加」したり、再生ソフトのウインドウ上にファイルをマウスで「ドラッグ＆ドロップする」などして取り込んでください。

音楽再生ソフトの詳しい操作方法や、携帯音楽プレーヤーへのファイルの転送方法については、ソフトやプレーヤーに付属のマニュアルやオンラインヘルプ等で確認するか、アプリケーションの開発元にお問い合わせください。

英会話3行革命

2015年1月9日　第1刷発行

著　者　浦島 久
発行者　浦 晋亮
発行所　IBCパブリッシング株式会社
〒162-0804 東京都新宿区中里町29番3号 菱秀神楽坂ビル9F
Tel. 03-3513-4511　Fax. 03-3513-4512
www.ibcpub.co.jp

印刷所　株式会社シナノパブリッシングプレス

ISBN978-4-7946-0318-0